中国农地转用开发问题研究

张清勇　著

商务印书馆
创于1897 The Commercial Press
2013年·北京

图书在版编目(CIP)数据

中国农地转用开发问题研究/张清勇著.—北京:商务印书馆,2013
ISBN 978-7-100-09261-6

Ⅰ.①中… Ⅱ.①张… Ⅲ.①农村—土地问题—研究—中国 Ⅳ.①F321.1

中国版本图书馆CIP数据核字(2012)第138436号

中国农地转用开发问题研究
张清勇 著

商务印书馆出版
(北京王府井大街36号 邮政编码 100710)
商务印书馆发行
北京瑞古冠中印刷厂印刷
ISBN 978-7-100-09261-6

2013年3月第1版 开本880×1230 1/32
2013年3月北京第1次印刷 印张8¾
定价:28.00元

目　录

图表目录

前　言

本书尝试在历史和空间的背景下考察中国的农地转用开发问题——是由政府征收农村土地后进行开发，还是由农村集体自行进行农地的转用开发。本书主要讨论两个问题：一是农地转用开发制度的历史变迁和现实状况，二是不同地区农地转用开发模式的差异及其成因。

本书第2章走进历史，发现1949年以后，重工业优先的发展战略以及城市偏向的政策塑造了计划经济时期的征地制度，征地补偿按"节省国家开支"和基本排除农民转业的方向安排；改革时期的实践进一步强化了工业化初期的政策扭曲和经济社会二元格局，"继续实行低价征用土地的办法"。现行《土地管理法》及其实施条例、释义在将征地的合法范围由宪法规定的"为了公共利益的需要"扩展到"城市建设需要占用农民集体所有的土地"和"城市外能源、交通、水利、矿山、军事设施等项目建设占用集体土地的"的同时，规定是否征地、征多少地、怎么补偿和安置、补偿和安置的标准等都由政府决定，政府征地只需公告，不再需要与被征地单位签订协议，被征地方只能提供"意见"，农民对补偿标准有争议的也由征地方——政府来裁决，且“征地补偿、安置争议不影响征用土地方案的实施”，很大程度上进一步忽视了集体土地产权和农民的财产权利。

本书第3章分析地方政府通过土地运作实现招商引资、城市建设资金筹集的土地经营行为。笔者认为，这种土地经营行为内生于20世纪八九十年代的一系列改革——土地使用制度改革、分税制财政体制改革、上海浦东开发的示范效应、房改和房地产业被定为支柱产业、1998年《土地管理法》修订时征地制度的转折。地方政府的主要做法是：一方面，在低价强制征收土地之后，一手以高价出让居住、商业用地获取巨额土地收入，一手以协议方式（或表面上的招拍挂方式）低价出让工业用地以招商引资，并用从出让居住、商业用地中获得的土地收入补贴工业用地的低价出让；另一方面，用于城市建设和维护的收入很大一部分来自于土地和与土地开发相关的收入，而土地收入投入城市建设后使土地价格趋升，为地方政府获得更多的收入创造了条件。地方政府通过规划来扩大城市的规模，形成“城市规划—土地开发—土地收入—城市建设”的循环。而通过土地收购储备获取土地收益、通过开发区实施工业用地价格补贴是地方政府经营土地的两种方式。在过去十余年间，地方政府的这种土地经营行为有力地推进了工业化和城市化，但这种依靠土地经营来推动经济发展的做法存在着严重的可持续问题。

本书第4章从对东莞的案例研究中发现，从20世纪70年代末、80年代初起，以凤岗镇雁田村为代表的第一批村庄进入了依靠集体土地进行资本积累的时期；90年代初中期是以寮步镇横坑村为典型的第二批村庄学习第一批村庄的经验、奋起直追的时候；而21世纪初则是一些后进的村庄依托土地撬动经济发展的新时期。案例研究表明，农村可以通过集体土地的非农建设发展经济，农村集体有能力统筹规划、利用好自己的土地，农村集体可以且有能力主导自己的城市化。如果再能有政府的帮助和服务，而不是取代和排斥，农村集体土地可以在不改变集体所有产权属性的情况下转用，且达到更高的利用效率，更有利于提高农村集体经济的实力和农民的生活水平。

本书第5章讨论不同地区农地转用开发模式的差异，通过对苏州（以政府大规模征地后进行开发区建设为主）和东莞（以农村集体开发自己所有的土地、自行招商引资为主）的比较案例分析，考察苏州的农地转用开发模式在20世纪90年代中期发生巨变，而东莞大致沿袭原来的农地转用开发模式的原因，发现其中经济发展的主导者的差异具有决定性影响——在苏州，经济发展的主导者是政府，而不是集体土地的所有者——村，走向了以征地、建开发区为主的开发模式；在东莞，经济发展的主导者是村，与集体土地的所有者二位一体，主要由村自主开发集体土地。在此基础上，笔者尝试提出了一个理论假说——在现有征地制度下，地区经济发展的主导者是否和集体土地的所有者合二为一，是造成农地转用开发模式区域差异的主要原因。

本书的第6章是结束部分，主要是基于前面章节的研究结论，就如何稳步推进征地制度的改革提出一些思考。目前地方政府在很大程度上依靠征收土地来发展地方经济，对土地及土地相关收入的依赖程度很高，而这主要是由现有的财政制度和政治晋升机制塑造的。征地制度改革的推进有赖政治体制改革和财政体制改革的配合。而要使征地制度朝着改善的方向发展,应抓住以下几个重点:(1)解决城市扩张中非出于公共利益占用农地的悖论。如果修法时机尚未成熟,也要坚持原则、进行试点,为尽快修法做好准备。(2)根据《立法法》中“对非国有财产的征收只能制定法律”的规定,尽快制定、出台专门的土地征收法律。(3)坚持只有公共利益项目才可征地的原则。(4)坚持不应为了公共利益就低价补偿的原则。(5)允许农地不改变其集体所有产权属性,按规划进入市场,参与工业化、城市化的进程。

与现有文献相比,本书的贡献主要有以下几个方面:(1)收集、整理了详细的资料,深入征地法律、法规的制定过程,分析了1949年以来中国征地制度的变迁,对理解中国征地制度的历史和现实、明确征地制度改革的方向有所帮助。(2)清晰刻画了作为内生行为的地方政府运用土地来发展经济的历史和制度环境,区分不同的用地类型,讨论了政府一手以低价工业用地招商引资、一手出让经营性用地筹集城市建设资金的内在逻辑及其相互关系,提供了比已有文献更为细致的图景。(3)以东莞的两个村庄为案例对象,分析普遍存在的农村集体土地流转现象及其对农村工业化、经济增长的贡献,为讨论“集体土地—乡村工业发展—中国经济的转轨与增长”的文献提供了具体、细致的案例,得出了几个重要的结论。(4)以苏州和东莞为比较对象,研究不同地区农地转用开发模式的差异,讨论农村集体或政府作为经济发展的主导者与土地制度的叠加,对当地农地转用开发模式乃至经济增长方式的塑造作用,在此基础上提出了一个新的理论假说,比已有文献更有解释力。

第1章　导论

我们要在历史和空间的背景下来考察中国的土地制度，而不是将它看作一成不变。[①]

——何培生(Peter Ho)

1.1　研究主题

本书尝试在历史和空间的背景下来考察中国的农地转用开发问题。主要讨论两个问题：一是农地转用开发制度的历史变迁和现实状况，二是不同地区的农地转用开发模式差异及其成因。

1949年以来，尤其是1978年以来，我国农地大规模地转为非农用地，

① Ho, Peter, *Institutions in Transition: Land Ownership, Property Rights, and Social Conflict in China*, Oxford University Press, 2005, p. 22.

1986—2002 年全国每年约有 16.84 万公顷的耕地转换成非农用地。[①] 农地转换成非农用地,大致可以分为两类:一类是政府征地,政府将农村集体所有的土地转换成国有土地之后,用于开发建设;一类是农村集体利用自己所有的土地进行开发建设。在现有的制度下,前一类主要表现为城市的扩张,占绝大多数;后一类则表现为乡镇企业占地。政府强制征地、将农地转换成非农用地存在着诸多问题,20 世纪 90 年代中后期以来地方政府依赖征地发展经济的增长模式也存在着严重的可持续问题。

1982 年的《中华人民共和国宪法》规定"国家为了公共利益的需要,可以依照法律规定对土地实行征用",2004 年《中华人民共和国宪法修正案》改为"国家为了公共利益的需要,可以依照法律规定对土地实行征收或者征用并给予补偿"。但是,执行中几乎所有占用农村土地的用地行为走的都是征地的渠道。国土资源部征地制度改革研究课题组根据 16 省(区、市)上报的材料计算,2000 年至 2001 年批准的 327 万亩用地中有 247 万亩是通过征地取得的,占 75%,征地项目不仅包括交通、能源、水利等基础设施项目(52%)和经济适用住房、市政公用设施等城市公益性项目(12%),还包括工商业、房地产等城市经营性项目(22%)以及道路、学校、企业和乡镇村建设用地项目(13%),有些省的部分高效农业项目、设

① 谭荣、曲福田:《中国农地非农化与农地资源保护:从两难到双赢》,《管理世界》2006 年第 12 期,第 50—59、66 页。

施农业项目也是通过征地取得土地使用权的。[①] 浙江省统计局 2003 年上半年对 24 个市县 455 户 1998 年以来土地被征用的农户进行抽样调查,发现被征用的土地中,用于工业园区和经济开发区建设的占 50.2%,用于房地产开发的占 12.7%,用于铁路、公路、机场等道路交通建设的占 18.6%。[②]

与此同时,现有征地补偿基本上是按被征收土地原用途年产值的倍数计算的,且规定了最高倍数。一项对分布在四个省市 1000 多个被征地农户的调查显示,征地补偿费一般只够维持被征地农民 6 至 7 年的基本生活,在落后地区或者是公益性项目征地,补偿标准更低,一般只够维持被征地农民 3 至 5 年的基本生活。[③] 国土资源部的调研发现,重点建设项目的征地费标准多先确定较低的补偿安置费用总额,再推算需要补偿的被征用耕地的产值倍数,农民的合法权益受到侵害。[④] 国土资源部征地制度改革研究课题组的调查发现,“一些建设项目,特别是国家和地方重点基

---

① 国土资源部征地制度改革研究课题组:《征地制度改革研究报告》,《国土资源通讯》2003 年第 11 期,第 48—53、55 页。

② 国家统计局:《关注“失地农民”生活,解决土地征用问题》,《统计报告》2003 年第 41 期。转引自孔祥智:《城镇化进程中失地农民的“受偿意愿”(WTA)和补偿政策研究》,中国经济出版社 2008 年版,第 101 页。

③ 韩俊:《我国农村下一步改革的重点及政策走向》,《发展研究》2009 年第 7 期,第 26—31 页。

④ 中华人民共和国国土资源部:《中国国土资源年鉴 2001》,《中国国土资源年鉴》编辑部 2001 年版,第 239 页。

础设施建设项目，为节省投资，采取‘省部协议’、‘政府定价’的办法确定征地补偿标准”。① 审计署对2004年度中央预算执行和其他财政收支的审计、对2005年度中央预算执行情况的审计也都发现，公路、水利等项目“拖欠工程款和征地补偿费，损害群众利益的问题比较突出”、“违规征地、拖欠工程款和农民征地补偿款问题严重”，补偿费用明显低于规定的标准。②

与政府超出公共利益大规模征地并从中获取大量收益形成鲜明对比的是，许多被征地农民的生活、就业出现了困难。国家统计局2003年上半年对16个省（区、市）的2670户耕地被占用农户的调查显示，耕地被占用前后农民人均纯收入增加的占45%，持平的占9%，下降的占46%；③征地时失地农户得到就业安置的仅约占劳动力总数的2.7%，赋闲在家的约占20%。④ 另外，由于强制征地、低价补偿以及缺乏争议解决机制等原因，各地出现了大量政府与村民之间、开发商与村民之间因征地引发的冲

① 国土资源部征地制度改革研究课题组：《征地制度改革研究报告》，《国土资源通讯》2003年第11期，第48—53、55页。

② 李金华：《关于2004年度中央预算执行和其他财政收支的审计工作报告》，《中华人民共和国全国人民代表大会常务委员会公报》2005年第5期，第408—417页；李金华：《关于2005年度中央预算执行的审计工作报告》，《中华人民共和国全国人民代表大会常务委员会公报》2006年第6期，第492—503页。

③ 国家统计局：《耕地占用中出现的问题和建议》，《统计报告》2003年第45期，转引自孔祥智：《城镇化进程中失地农民的“受偿意愿”（WTA）和补偿政策研究》，中国经济出版社2008年版，第104页。

④ 韩俊：《中国农村下一步改革的重点和政策走向》，《经济体制改革》2004年第4期，第10—15页。

突和群体性事件，以征地纠纷为主的农村土地纠纷已取代税费争议而成为目前农民维权抗争活动的焦点，成为影响农村社会稳定和发展的首要问题。① 国务院发展研究中心《推进社会主义新农村建设研究》课题组2006年在全国17省(市、区)的调查发现，土地问题是农村矛盾频发的一个焦点，其中尤以土地征用问题最为突出，2749个村庄中有村民上访的占28.9%，其中约39.4%的村民上访反映的是土地征用问题(东部地区为48.1%，西部地区为34.5%，中部地区为26%)。② 笔者根据《中国国土资源年鉴》的数据计算，发现2004—2007年国土资源部受理的群众信访中，征地信访的比例一直居高不下——人民来信中反映征地问题的比例一直在70%以上，群众来访反映征地问题的也多在50%以上。

征地问题的严重性引起了广大研究者的关注，而与征地问题密切相关的地方政府基本上把GDP等同于“搞地皮”的行为——低价征地后，或高价出让以获取“土地财政”，或低价出让以招商引资——也受到了众多批评。笔者认为，目前的征地问题以及地方政府依靠大规模征地来发展经济的现状需要仔细刻画，它们的历史根源——1949年以来的征地制度变迁和20世纪90年代中后期以来塑造了地方政府的土地经营行为的历

① 于建嵘：《土地问题已成为农民维权抗争的焦点——关于当前我国农村社会形势的一项专题调研》，《调研世界》2005年第3期，第22—23页。

② 国务院发展研究中心课题组：《中国新农村建设推进情况总报告——对17个省(市、区)2749个村庄的调查》，《改革》2007年第6期，第5—17页。

史背景，也都需要详细探究。

与政府大规模征地形成对比的是，在许多地区，农村集体开发、利用自己所有的土地，实现了农村的工业化，集体的经济实力和农民的生活水平都得到了显著提高。各地农民自发的土地转用开发行为，尽管起点低，但事实已证明，农村通过集体土地的非农建设发展经济是可能的，农村集体也有能力统筹规划、利用好自己的土地，政府应考虑提供帮助和服务，而不是取代和排斥。目前由政府主导、超出公共利益范围的强制低价征地有严重的问题，而农地不改变集体所有属性、按规划转为工业用地和城市建设用地，为征地制度的改革提供了一种选择。

另外，中国幅员辽阔，区域差异大，不同地区的农地转用开发模式存在着一定的差异。笔者观察到两个极端——在一些城市，如苏州，农地转用开发主要由政府主导，政府大规模从农村征地之后建开发区，农民几乎完全被排除在之后的经济活动以外；在另一些城市，如东莞，农地的转用开发主要由农村集体主导，农民自行开发，集体经济、土地开发利用的绩效与农民的利益息息相关。为什么在同一部《中华人民共和国土地管理法》下，不同地区的农地转用开发模式那么不一样？本书希望也能够予以清晰解释。

需要说明的是，2004 年 3 月 14 日，第十届全国人大第二次会议通过宪法修正案，将宪法第十条第三款“国家为了公共利益的需要，可以依照法律规定对土地实行征用”修改为“国家为了公共利益的需要，可以依照法律规定对土地实行征收或者征用并给予补偿”；[①]2004年8月28日十届全国人大常务委员会第十一次会议通过《关于修改〈中华人民共和国土地管理法〉的决定》，将《土地管理法》第二条第四款修改为“国家为了公共利益的需要，可以依法对土地实行征收或者征用并给予补偿”，将第四十三条第二款、第四十五条、第四十六条、第四十七条、第四十九条、第五十一条、第七十八条、第七十九条中的“征用”修改为“征收”。[②] 本书所用的“征用”、“征收”、“征地”，除了特别说明，都是现在意义上的“征收”。

1.2　文献综述

1.2.1　征地制度的变迁

有关征地制度变迁的研究似乎早已称得上汗牛充栋。黄贤金等(1995)简要介绍了20世纪50年代到80年代有关土地征用的法律法规。冯昌中(2001)梳理了我国征地制度的变迁，比较条理地列出了一些主要

① 《中华人民共和国宪法修正案》，《全国人民代表大会常务委员会公报》2004年第S1期，第64—66页。

② 《全国人民代表大会常务委员会关于修改〈中华人民共和国土地管理法〉的决定》，《全国人民代表大会常务委员会公报》2004年第6期，第565页。

的法律文件。之后的文献大多与冯昌中(2001)的思路一致,按照征地法律文件的出台时间划分出历史阶段,如李建建(2004)的形成(1950—1957)、调整(1958—1964)、发展(1982—1997)和改革(1998年至今)等阶段;周建春(2007)的立法起步(1950—1957)、调整(1958—1964)、十年"文革"和十一届三中全会以后恢复重建阶段;刘宗劲(2008)的立法起步(1950—1957)、制度调整(1958—1964)、立法工作基本停顿(1966—1976)、制度逐步完善(1982—1997)、新一轮制度改革启动(1998—2005)和面临大调整(2006年至今)等阶段;鲍海君(2008)的立法起步(1950—1957)、调整(1958—1964)、立法停滞("文革"时期)、转型(1982—1998)、立法修改(1999—2003)和政策大调整(2004年至今)等阶段。其他的还有郭洁(2002)、周青和黄贤金(2004)、高娜和万兴亚(2005)、张慧芳(2005)、李蕊(2005)、林建伟(2006)、许宝健(2006)、吴行政(2007)、朱连奇等(2007)、柴涛修等(2008)、汪振江(2008)、严金明(2009)、高汉(2009)等。比较有特色的是,张术环等(2006)将我国征地补偿安置制度的历史划分为1953—1982年适应计划经济体制要求的弹性补偿硬性安置制度、1982—2004年兼有计划体制和市场体制特征的刚性补偿弹性安置制度、2004年以来逐步市场化的补偿安置制度等三个阶段;刘海云(2007)指出我国征地补偿制度大致经历了建国后至1986年以前计划经济时代重安置轻补偿的征地补偿制度、20世纪80年代后期招工安置和货币补偿并重的征地补偿制度以及20世纪90年代后期单一货币补偿的征地补偿制度等三次制度变迁阶段；孔祥智(2008)将改革开放以来征地制度政策的变迁划分为以行政手段处理征地问题(1978—1982)、土地征用制度逐步完善(1983—1997)、城乡土地管理体制转轨阶段的征地政策(1998 年至今)。

正如王坤(2008)指出的，“土地征收制度同经济体制之间存在着密切的关系，……学界尚没有人从这个角度去深入研究我国的土地征收制度，更不用说去系统地阐述新中国建立以来我国土地征收制度的历史变迁规律了”，已有研究基本上只满足于简单地罗列不同时期的具体法律规定，却将征地制度本身的来龙去脉、前因后果付之阙如。

1.2.2　地方政府的土地经营行为

一些研究敏锐地观察到了 20 世纪 90 年代以后，由于财政体制、土地使用制度、土地市场的变化，地方政府对土地收入的倚重乃至政府行为的巨大转变(周飞舟，2005；Zhou，2009；陶然等，2007；曹广忠等，2007；Cao et al.，2008；Liu et al.，2008；吴群、李永乐，2009)。周雪光(2005)发现地方政府在土地开发方面的垄断权力使得它在决定企业发展和投资环境方面有着诱人的资源以进行突破预算约束的交换。Huang (2008)指出地方政府的土地攫取行为和腐败在 90 年代进一步严重了。周黎安(2008)观察到地方政府的工作重心在 20 世纪 90 年代中期以后从经营企业转向了经营城市。曹正汉、史晋川（2009）指出地方政府控制地区经济的方式由“抓住办企业的权利”转向“抓住土地开发权”，凭借其对地区性生产要素的控制权，转向从总体上控制和经营地区经济。梶谷懷（2008）也观察到了中国“地方主导型经济发展”转型中地方政府对土地市场的倚重。Kung et al.（forthcoming）则讨论了财政激励的变化对地方政府行为的影响，指出地方政府从抓工业化转向了抓以大规模征地为特征的城市化。Lichtenberg 和 Ding（2009）讨论了地方政府官员的“土地开发商”角色及其对城市空间扩张的影响。

此外，近年来的一些文献观察到了地方政府对不同类型用地的不同处理手法，开始有意识地区分工业用地和经营性用地，以对地方政府经营土地的手法进行探讨。经济增长前沿课题组（2003）指出，从 20 世纪 90 年代中后期起，中国的经济增长开始由工业化单引擎发展到工业化与城市化的双引擎推动，一方面是高价城市化，政府通过房地产土地的出让获得城市化的资金，土地价格居高不下，与之相对的是低价工业化和廉价工业用地。张清勇（2005）区分了地方政府对不同用地类型的处理策略——在通过经营性用地供给获取大额土地出让金、扩大城市建设之外，还将工业用地当做非经营性用地、以协议方式廉价出让，以工业用地的低价补贴企业的投资成本，诱使企业投资。赵燕菁、庄淑亭（2008）指出一级土地市场上的高收益使地方政府有能力补贴工业土地，而工业的大规模聚集为一级土地市场带来更多的需求，进一步抬升了地价，为地方政府反哺工业创造了条件。相天东(2008)认为由于农村土地产权关系模糊不清,政府低价从农民手里征得土地后,或作为吸引投资的优惠条件,或高价出让用于房地产开发,在带来较高的经济增长、高涨的房价的同时,将失地农民抛向了市场,农民不能享受经济增长带来的福利。程锦锥(2009)构造了为发展当地经济和获取地方财政收入的地方政府将土地市场分割为工业用地市场和居民用地市场的行为模型。陶然等(2009)也考察了地方政府在工业和商住用地出让上的不同策略。

这些研究从不同的角度为我们了解地方政府的决策、土地产权、工业用地和经营性用地的处理、通过土地批租筹集城市建设资金等问题,提供了有价值的信息,但仍留下可以改进的空间:首先,地方政府运用土地来发展经济、扩张城市的意愿、能力和制度环境等细节有待清晰刻画;其次,需要区分不同用地类型,对地方政府一手以低价工业用地招商引资、一手出让经营性用地以筹集城市建设资金的内在逻辑及其相互关系进行梳理。

1.2.3　集体土地与农村工业化

改革开放以后,中国的乡镇企业异军突起。乡镇企业的发展具有鲜明的中国特色,“其他国家工业化的结果,使得大多数的农村工业迁移到城市”,而中国“1980 年代以来乡镇企业的发展,乃是以农村工业为基础——这一点完全不同于其他国家工业化的进程”(王国斌,1998)。但是,“如果没有能够无偿获得集体土地,20 世纪 70、80 年代乡镇企业的突起是不可能的”(Lin,2009),“土地的集体所有制已一再证明是中国农村工业和市场化改革的必要条件”(林春,2004)。孙海鸣(1986)指出,中国乡镇工业的存在和发展,实质是大量生产要素在该生产领域内的聚集和变化——十一届三中全会以后,随着商品经济的发展,乡村生产要素流动的产业障碍被逐渐消除,但阻碍流动的地域因素仍然存在,生产要素无法涌向城市,乡村生产者便将资金同本地的土地、劳动力相结合,形成一种特殊的工业形式——乡镇工业。赵耀辉(1994)在解释中国农村为什么存在如此多的集体企业时指出,因为土地是集体所有的,集体所有制企业很容易获得免费的或低费用的土地作为厂址,而非集体企业必须使用其庭院、责任田或者支付全部的费用以获得额外的土地。她因此将易于获得集体土地作为厂址看作与税收优惠、低息贷款、易于获得原材料、消费者的认可等并列为乡镇企业集体所有的好处。温铁军(1998)指出,在农村资金要素长期高度稀缺的条件下,劳动和土地“替代资本投入”是乡镇企业资产的主要来源,乡镇企业创办投资的 30% -40% 应属于企业所在地的农村土地所有者,亦即应归社区成员组成的集体经济组织共有。温铁军(2003)还指出,“1986 年农研中心发展所作了一个 200 家乡镇企业调查,总结出的经验表明,之所以能够形成规模的乡镇企业,能够推动农村工业化,其根本原因在于这些企业用地不要钱”。黄益平(1998)指出农民当初选择以建立乡镇企业的方式创业,一个重要的原因是土地是集体所有的,在土地上办的工厂也是集体所有的。

裴小林(1999、2003)、Pei(2002)从理论角度探讨了集体土地所有制对中国经济转轨和农村工业化的贡献。他的基本逻辑是:改革之初,延续历史而来的集体土地的排外权是乡村政府和集体组织摆脱国家控制的根源,乡镇企业早期的投资来源于从集体土地上产生的积累,而社员不能宣称他在土地上拥有多少份额,所以社队干部作为集体组织的代表天然地获得了控制和使用土地产出中集体份额的权利,因此集体土地制是农村集体工业产生和发展的制度根源。在此基础上,他指出集体土地制度以化整为零的方式将巨大剩余劳力从转轨的一大劣势转化为转轨的一大优势,从而认为集体土地制是中国形成渐进转轨模式以及能够低风险地实现转轨的根源。Naughton(1994)认为中国的乡镇企业在很大程度上可以看作是在要素市场缺乏的情况下,地方用以将自己控制的资产转变为产品以取得收益的装置——将没有市场价值的要素(如土地)通过办企业转化为收入。范剑勇、袁志刚(2002)也认为农村地区利用土地集体所有制产生的一系列体制优势来克服市场的不完善并带动农村工业化,不失为一种明智之举。

已有文献梳理了"集体土地—乡村工业发展—中国经济的转轨与增长"的大致脉络。但是,有关底层村庄是如何通过集体土地流转、通过土地来撬动本地农村工业化和经济发展的,目前仍鲜见有具体、细致的案例分析。

第2章　中国征地制度的变迁

我考虑,不论采取哪种征地制度,第一,要有利于保护全民利益,保护好耕地,保住中国人民的"铁饭碗";第二,要有利于保护农民利益,特别是失地农民的利益,使他们有就业和生活的保障。在征地问题上,不能再亏待农民了。①

——王先进

2.1　问题的提出

本书探讨的中国农地转用开发问题与征地制度有着密切的联系——农地的转用开发是不是由政府来实施,与政府能不能、是否拿走农村集体

① 王先进:《城镇土地使用制度改革》,载中华人民共和国国土资源部编:《国土资源事业改革发展三十年:纪念改革开放30周年》,地质出版社2008年版,第21—31页。

所有的土地,几乎是同一个问题。而中国的征地制度在过去的几十年里并不是一成不变的。征地制度在过去的几十年里是怎样变动的?它的变动与中国的经济社会发展是相协调的还是背道而驰的?改革开放以来一直在说也一直在做的征地制度改革的成效如何?如何认识当前的征地制度?只有走进历史,我们才有可能回答这些问题。

有关征地制度变迁的描述似乎早已称得上汗牛充栋。但是,类似王坤(2008)指出的,“土地征收制度同经济体制之间存在着密切的关系,……学界尚没有人从这个角度去深入研究我国的土地征收制度,更不用说去系统地阐述新中国建立以来我国土地征收制度的历史变迁规律了”,已有研究基本上只满足于简单地罗列不同时期的具体法律规定,却将征地制度及其变动的来龙去脉、前因后果付之阙如。另外,“形成当前中国地权格局的政策和法律制定过程是相当复杂而又缺乏研究的”(Ho,2005),已有对征地制度的研究也几乎都没有涉及征地政策和法律的制定过程。其后果是,由于对征地制度变迁历史的了解不多,对征地制度变迁的原因和效果也没有足够的认识,无论是对改革开放以来(尤其是新的世纪以来)征地制度遗留问题的分析,还是就征地制度改革提出的政策建议,都缺乏对中国征地制度的基本性质的全面把握。

要理清中国征地制度在过去六十余年间的历史演进,只有走进历史。本章尝试在挖掘档案资料的基础上,结合征地制度演进各个阶段的历史背景,深入征地政策和法规的制定过程,从几次重大变革的“变”与“不变”中,解读作为国家代表的立法者、领导人、部门等的思路动态。这样的认识过程,将有助于理解中国征地制度的历史和现实,对解决向来受到极大关注的征地制度改革问题可能也会有所助益。

2.2 《国家建设征用土地办法》:从1953年到1958年

1949年10月中华人民共和国成立后,各地人民政府、军政委员会颁布了一系列有关征地的办法,中央人民政府政务院制定的一些办法、条例也对相关事项中的征地事宜做了规定。

在地方,1949年12月12日上海市人民政府发布《处理无主土地暂行办法》,第九条为“代管土地如政府有征用必要时,得予征用之”;①北京市人民政府1950年10月19日发布《关于市政建设使用郊区土地暂行办法》,第三条为“已经本府核准使用之土地,……如系私有,由需用者与所有主协议以公平合理之价格洽购,协议不成时,得由地政局评价征购之”;②中南军政委员会1950年11月29日发布《中南区修建公路征用土

① 中国人民大学民法教研室编:《中华人民共和国土地法参考资料汇编》,中国人民大学1955年版,第102—103页。

② 《北京市政报》1951年第7期,第50—57页。

地暂行办法》,[①]1951 年 12 月 18 日发布《中南区城市建设使用土地暂行办法》,规定"经核定使用之土地,其所有权……如系私有者分别用洽租、洽购、交换、征租、征购、征用、征收等办法处理之。……征购之土地地价,不论城区、郊区,如已订定标准地价者,一般照标准地价补偿,其情形特殊者,得酌情增减之,未订定标准地价者,由地政主管机关召集双方当事人及有关机关团体,按照土地位置及当地繁荣程度,交通情况,并参照纳税租值和当地买卖价格,评定补偿";[②]经政务院批准,东北人民政府 1952 年 5 月 23 日发布了《东北人民政府关于征用农民土地及其有关问题的规定》,强调征用农民土地时,要对被征户的生产和生活给予妥善的安排和照顾,对因征地造成的损失要酌情给予补偿,补偿要在一个月内办完,不得拖延。[③] 还有许多城市制定了《征用私有土地暂行办法》。[④]

在中央,政务院 1950 年 6 月 24 日颁布《铁路留用土地办法》,规定"铁路因建筑关系,原有土地不敷应用或有新设施需要土地时,由铁路局通过地方政府收买或征购之",1950 年 9 月 16 日又发出《关于铁路留用土

① 中国人民大学民法教研室编:《中华人民共和国土地法参考资料汇编》,中国人民大学 1955 年版,第 68—69 页。

② 同上书,第 63—68 页。

③ 大连市史志办公室:《大连市志·房地产志》,大连出版社 1997 年版,第 60 页。

④ 各部门和地区制定的有关征地的规定,可参见中国社会科学院、中央档案馆编:《中华人民共和国经济档案资料选编·1949—1952·基本建设投资和建筑业卷》,中国城市经济社会出版社 1989 年版,第 208—224 页。

地办法的几点解释》，就收买或征购的地价等问题作进一步的解释；①政务院1950年11月21日公布《城市郊区土地改革条例》，规定“国家为市政建设及其他需要征用私人所有的农业土地时，须给以适当代价，或以相等之国有土地调换之。对耕种该项土地的农民亦应给以适当的安置，并对其在该项土地上的生产投资（如凿井、植树等）及其他损失，予以公平合理的补偿”。②

另外，政务院还曾发布内部执行的《国家建设征用农村土地暂行办法（草案）》和《国家建设使用城市郊区土地暂行办法（草案）》。据《长春市志・土地志》记载，后一项草案于1950年由政务院发布、内部执行。③ 因这一草案是“根据《城市郊区土地改革条例》第十三条、十四条规定之原则”制定的，而《城市郊区土地改革条例》于1950年11月10日政务院第58次政务会议通过，故该草案应是在1950年年末与《城市郊区土地改革条例》同时或稍晚一些时候通过的。长春市人民政府房地产管理局曾编有《房地产管理法令汇编》，收集从1950年8月21日开始的法令，所收《国家建设征用农村土地暂行办法（草案）》位于《国家建设使用城市郊区土地暂行办法（草案）》之前，可估计《国家建设征用农村土地暂行办法

---

① 王先进主编：《土地法全书》，吉林教育出版社1990年版，第33、34—35页。

② 《城市郊区土地改革条例》，《人民日报》，1950年11月23日，第2版。

③ 长春市地方史志编纂委员会：《长春市志・土地志》，吉林人民出版社1998年版，第292页。

（草案）》在1950年先于或与《国家建设使用城市郊区土地暂行办法（草案）》同时发布。

1953年11月5日，政务院第192次政务会议通过了中华人民共和国历史上第一部正式的全国性、专门性征地法规——《中央人民政府政务院关于国家建设征用土地办法》，1953年12月5日公布实行。该办法经1957年10月18日国务院全体会议第五十八次会议修正、1958年1月6日全国人大常委会第九十次会议批准，由国务院公布施行。

2.2.1　征地补偿

在征地补偿费的确定上，1953年和1958年两个版本的《国家建设征用土地办法》一致的地方是，以政府会同用地单位和被征用土地者的"评议商定"、"共同评定"为原则。1953年《办法》指出，"被征用土地的补偿费，在农村中应由当地人民政府会同用地单位、农民协会及土地原所有人（或原使用人）或由原所有人（或原使用人）推出之代表评议商定之。一般土地以其最近三年至五年产量的总值为标准，特殊土地得酌情变通处理之。"1958年《办法》的相应条款是"征用土地的补偿费，由当地人民委员会会同用地单位和被征用土地者共同评定。对于一般土地，以它最近二年至四年的定产量的总值为标准；对于茶山、桐山、鱼塘、藕塘、桑园、竹林、果园、苇塘等特殊土地，可以根据具体情况变通办理"。

对于土地补偿标准由原办法规定的“三年至五年的产量总值”下降为“二年至四年的定产量总值”，国务院副秘书长陶希晋在《关于国家建设征用土地办法修正草案的说明》中指出，这是“鉴于农业合作化以后农民的生产、生活都有所提高，原来的标准，就显得有些过高”，是“本着既照顾群众利益又节省国家开支的原则”，而“从几年来的实际经验来看，各地土地定产量和农民生活水平都有所不同，对补偿标准规定这样的幅度是适当的”。①

修改了的《办法》中关于降低补偿标准的规定得到了有效的执行。例如，北京市1955年的征地补偿费，一般土地为765—1950万元/公顷，水地为1980—3000万元/公顷，园地为2400—3900万元/公顷，在1958年《办法》修订后，变成了一般土地525—1125万元/公顷，水地为1425—2100万元/公顷，园地为2250—3000万元/公顷，降低了20%—30%。②

2.2.2 征地安置

在征地安置方面，1958年的《办法》基本排除了农民转业的可能性，这与1953年的《办法》形成了鲜明的对比。1953年《办法》规定：“农民耕

① 陶希晋：《关于国家建设征用土地办法修正草案的说明》，《人民日报》，1958年1月7日，第3版。

② 贺锡苹：《土地在用途转换中的价格变动趋势》，《调查与探索》1990年第10期，转引自黄贤金：《农地价格论》，中国农业出版社1997年版，第158页。

种的土地被征用后，当地人民政府必须负责协助解决其继续生产所需之土地或协助其转业，不得使其流离失所。用地单位亦应协同政府劳动部门和工会在条件许可的范围内，尽可能吸收其参加工作。”1958年《办法》则为“对因土地被征用而需要安置的农民，当地乡、镇或者县级人民委员会应该负责尽量就地在农业上予以安置；对在农业上确实无法安置的，当地县级以上人民委员会劳动、民政等部门应该会同用地单位设法就地在其他方面予以安置；对就地在农业上和在其他方面都无法安置的，可以组织移民”。

对于这一重大的变化，国务院副秘书长陶希晋在《说明》中指出，这是由于“原办法对于就地在农业上安置强调不够，被征用土地的农民过多地要求转业，这同国家多动员人‘下乡上山’的方针不相符合”，“修正草案针对着这些情况，首先强调在不影响生产、生活的原则下尽量就地在农业上安置”。这与1957年9月24日国务院《关于安置被征用土地的农民问题的批复》中“为了严格控制人员增加，避免造成人员处理上的更大被动，除用地单位必须尽量节约用地，以减少失地农民的安置的困难外，对于被征用土地的农民，主要的仍由当地人民委员会采取并社、插社、移民等办法在农业和农村副业方面妥善安置。但如被征用土地的农民在农副业生产方面确实无法安置时，可由用地单位酌情吸收少数适合条件的农民参加工作”的意思是一致的。①

---

①《中华人民共和国国务院关于安置被征用土地的农民问题的批复》，《湖南政报》1957年第10期，第311页。

2.2.3 征地工作中的群众路线

1953年、1958年的《办法》都突出要在征地工作中走群众路线，都规定“国家建设征用土地的基本原则”是“既应根据国家建设的确实需要，保证国家建设所必需的土地，又应照顾当地人民的切身利益，必须对土地被征用者的生产和生活有妥善的安置”，要求如果对被征用土地者一时无法安置，应该等待安置妥善后再行征用，或者另行择地征用。《办法》对做好解释、准备工作进行了规定，强调要进行讨论、取得被征地者的同意和支持，“使群众在当前切身利益得到适当照顾的情况下，自觉地服从国家利益和人民的长远利益”。

1953年《办法》规定：“征用土地计划书完成第四条规定的批准手续后，用地单位应协同当地人民政府和中共党委（有些小的单位则直接在当地党政领导下），向当地人民进行解释工作，宣布对土地被征用者补偿安置的各项具体办法，并给群众以必要的准备时间，使群众在当前切身利益得到适当照顾的条件下，自觉地服从国家利益，服从人民的长远利益，然后始得确定征用，进行施工。如征用大量土地，迁移大量居民甚至迁移整个村庄者，应先在当地人民中切实做好准备工作，然后召开人民代表大会讨论解决之”，而“在土地未确定征用前，为勘查该土地是否适用，须进行测量、钻探等工作时，亦应……协同当地人民政府和中共党委向人民解释清楚（有些小的单位则直接在当地党政领导下），取得人民同意后始得进行”。1953 年 12 月 7 日中共中央还发出《中共中央为贯彻政务院〈关于国家建设征用土地办法〉给各级党委的指示》，要求“有关党委应负责组织地方工作人员，帮助用地单位动员和教育农民群众，解除他们的顾虑。必须做好教育群众的工作，使之自觉自愿地服从人民长远利益和国家利益的原则。凡征用大量土地牵动大量居民，一定要召开人民代表大会或人民代表会议，进行讨论；对于土地被征用者，必须反复解释征用的理由及必要性，讲明对其生产、生活问题照顾、补偿和安置的办法，做到说服群众自觉地服从国家的需要，决不容许不取得多数群众的同意，采用强迫命令的办法，硬性地决定征用，迫令群众搬家，或者对于土地被征用者补偿安置办法不予履行。”①

1958 年《办法》延续了这一规定，指出：“土地经核拨以后，用地单位应该协同当地人民委员会向群众进行解释，宣布对被征用土地者补偿安置的各项具体办法，并给他们以必要的准备时间，使群众在当前切身利益得到适当照顾的情况下，自觉地服从国家利益和人民的长远利益，然后才能正式确定土地的征用，进行施工。如果征用大量土地，迁移大量居民甚至迁移整个村庄的，应该先在当地群众中切实做好准备工作，然后把有关

---

① 《中共中央为贯彻政务院〈关于国家建设征用土地办法〉给各级党委的指示》，载中共中央文献研究室编：《建国以来重要文献选编》第 4 册，中央文献出版社 1993 年版，第 645—648 页。

征用土地的问题,提交当地人民代表大会讨论解决。”对此,国务院副秘书长陶希晋在《关于国家建设征用土地办法修正草案的说明》中说,“特别须指出的,原办法第五条关于征用土地必须向群众进行解释的规定,几年来执行的经验证明很好,所以修正草案仍保留这规定。我们认为像处理征用土地这样直接关系到群众生产和生活的大事,必须认真贯彻群众路线,使群众在当前切身利益得到适当照顾的条件下,自觉地服从国家利益和人民的长远利益,才能做好。事实上,我们国家因建设而征用土地,同广大群众的利益是一致的,只要向群众充分地解释清楚,就会取得群众的同意和支持。因此,坚决贯彻群众路线是保证做好土地征用工作的一个重要关键。”

2.3 1982年的宪法修改和《国家建设征用土地条例》

2.3.1 1982年的宪法修改

在共和国宪法史上,1954年宪法规定“国家依照法律保护农民的土地所有权和其他生产资料所有权”、“国家为了公共利益的需要,可以依照法律规定的条件,对城乡土地和其他生产资料实行征购、征用或者收归国有”，1975年、1978年宪法简为“国家可以依照法律规定的条件，对城乡土地和其他生产资料实行征购、征用或者收归国有”和“国家可以依照法律规定的条件，对土地实行征购、征用或者收归国有”。到1982年修改宪法时，宪法修改委员会秘书处决定在总纲的经济制度一节中，增写关于全民所有和集体所有的土地条款。①

宪法修改委员会秘书处副秘书长张友渔和宪法修改委员会秘书处成员许崇德在《人民日报》上发表的《新宪法草案的基本精神》道出了增写上述条款的原因——“在生产资料的社会主义公有制方面，土地的公有制是一项极其重要的内容。建国以来，关于这一点缺乏统一的明确的法律规定。随着现代化建设的发展，工业用地与生活用地数量激增，土地问题越来越显得突出。假若这个问题不适时地予以解决，势必影响国家建设的发展和工农联盟的巩固”。② 另外，1982年2、3月宪法修改委员会第二次会议上《〈中华人民共和国宪法修改草案（讨论稿）〉的说明》指出：“明确规定我国的土地所有制的第十条是新增加的。这一条规定城市（不包括城市郊区）的土地属于国家所有，其他的一切土地属于国家或集体所有，并规定‘任何单位和个人不得买卖和租赁土地’。这些规定是我国实际情况的反映。更具体的规定有待于制定土地法，但把这原则的规定载

① 许崇德：《中华人民共和国宪法史》，福建人民出版社2003年版，第610页。

② 张友渔、许崇德：《新宪法草案的基本精神》，《人民日报》，1982年5月17日，第5版。

入宪法,对于农村集体经济的发展,对于城市建设都是有利的”。[1]

城市土地国有、农村土地集体所有、任何单位和个人不得买卖和租赁土地,加上为公共利益征地,构成了宪法修改草案讨论稿的基本内容。从文字上看,这与后来全国公开讨论的宪法修改草案以及最后通过的宪法文本只有文字上的些许差别。但从修改草案讨论稿到修改草案的形成,中间有较为激烈的争论。

当时,征用农村的土地在一些地方遇到了困难,报纸上有一些农民敲国家建设竹杠的报道。例如,在1980年政协会议小组讨论会上,卢浩然委员说,“要制订土地法,土地征用要有立法。首先要节约用地,另外要防止国家征用土地时,集体所有制敲全民所有制的竹杠。制订土地征用法,做到既保护土地,又能合理征用土地”。[2] 对于宪法修改草案讨论稿中关于城市(不包括城市郊区)的土地属于国家所有、其他的一切土地属于国家或集体所有的规定,一些委员认为农村土地应收归国有,不然国家征地会遇到土地所有者的漫天要价,妨碍经济和国防建设。例如,方毅指出:“国家企业、事业要发展,要用地,而土地有限,郊区和农村土地归集体所有,变成了他们向国家敲竹杠、发洋财的手段。一亩地索要上万元,靠卖地生产队可以安排社员一辈子、三辈子都过好日子,不需劳动了。……国家财政开支成了无底洞。现在国家要征地比登天还难。……要花很大代

---

① 许崇德:《中华人民共和国宪法史》,福建人民出版社2003年版,第619页。

② 《政协委员在小组讨论会上发言摘登》,《人民日报》,1980年9月13日,第5版。

价，限制了国家的发展。”荣毅仁认为把国家的土地分为全民所有和集体所有不好，集体只能是永久使用权。乌兰夫说，草原、荒地归集体所有，造成无计划地肆滥开垦。另一种意见认为，农村和郊区土地应归集体所有，因为农民为打土豪、分田地进行了长期艰苦的斗争，突然宣布土地国有会在农民心理上产生不良的影响，且农村土地收归国有没有实际意义，因为土地还得由农民去耕种、使用。① 1982年4月12日，胡乔木代表宪法修改委员会秘书处解释说，规定农村土地国有会引起很大的震动，国家除了动荡将得不到任何东西，而且即使宪法规定农村土地国有，将来国家征地也要给农民报酬，农民要价过高的问题可以通过国家规定统一的征用办法解决。②

1982年4月14日，胡子婴说，油田、铁矿中的土地纠纷很大，产生工农之间的矛盾，国家是要开发的，所以应规定土地为国家所有；杨秀峰说，现在的条文是可以的，现实中发生的问题，那都是政策问题，有的是工作问题，可由土地法、民法解决。③ 1982年4月15日的讨论中，钱昌照认为如果现在规定了农村土地集体所有，将来就会扯皮，建议写明届时国有；荣毅仁提出赞同土地国有，认为所有制问题纠纷很大，阻挠了国家建设，还说应该原则上土地国有，例外是集体所有，而不应是建议稿中的原则上

---

① 许崇德：《中华人民共和国宪法史》，福建人民出版社2003年版，第644—645页。

② 蔡定剑：《宪法精解》，法律出版社2006年版，第195—196页。

③ 许崇德：《中华人民共和国宪法史》，福建人民出版社2003年版，第679—680页。

集体所有、法律规定的才是国有；彭真也赞成土地都归国有，但认为应采取渐进，先把城市土地定为国有、郊区和农村的土地定为集体所有，震动小一些，先笼统点，作为过渡，征用问题可以用国务院搞的《土地征用条例》解决；杨尚昆也赞成维持原文，认为即使土地国有，征地、拆迁中的扯皮也解决不了，宣布国有震动太大，逐步过渡较好，先通过《土地征用条例》以处理征地问题。①

因此，在宪法修改过程中，有关土地的条款的争论集中在是不是要为了便于建设征地而将农村土地也规定为国家所有的问题上。争来吵去之后，在所有制问题上，大家接受了原来修改草案讨论稿的规定——城市土地国有、农村土地集体所有，却疏忽了对修改草案讨论稿本身具体逻辑问题的考察。

1982年宪法中有关土地的条款一直延续到现在，基本的内容没有变，但其中的逻辑问题却是显而易见的。宪法第十条是关于土地的，其基本内容是城市土地国有、农村土地集体所有、土地所有权不能买卖、征地必须出于公共利益。城市土地国有和农村土地集体所有，根据1982年的说法，“是我国实际情况的反映”，作为对一种静止状态的表述，是没有问题的。但是，当城市扩张时，原本静态的表述就遇到了问题。城市的扩张和建设有一些是出于公共利益的，但还有相当大的部分并非出于公共利益，

① 许崇德：《中华人民共和国宪法史》，福建人民出版社2003年版，第680—682页。

而二者都要占用农村的集体所有土地，出于公共利益的城市扩张和建设可以征收农村集体所有的土地，那些不是出于公共利益的怎么办？由于规定了土地所有权不能买卖，非公共利益的城市扩张不能靠购买农村集体所有的土地。而非公共利益的城市扩张又要姓“城”、是国有土地，不能姓“农”、不能是集体所有土地，因此非出于公共利益的城市扩张占地就没有一个符合宪法规定的由农村集体所有土地转变为城市国有土地的通道。而如果这类用地也走征地的途径，因其不是为了公共利益，便违背宪法中征地必须为公共利益的规定。笔者推测，正是这个疏忽造成了1982年以后至今将近30年的征地困境，而且，如果宪法条款中明显的逻辑问题不能得到纠正，这一困境可能还会继续拖下去。

2.3.2 1982年的《国家建设征用土地条例》[①]

上文中胡乔木说的“统一的征用办法”以及彭真和杨尚昆提到的条例，指的是《国家建设征用土地条例》。为了降低“国家建设”的成本，许多参与1982年修宪的人士希望通过修宪将农村土地由集体所有改为国家所有，未能达成一致后，《国家建设征用土地条例》便承担起了这一

① 据笔者所知，以往所有有关中国征地史的研究，都把1982年的条例写在1982年的宪法之前，但是，正如前文所用资料表明的那样，宪法讨论中未解决的问题要通过出台《国家建设征用土地条例》来解决，所以本章把对条例的讨论放在了1982年的修宪之后。

重任。

1982年4月28日，国家基本建设委员会副主任吕克白在五届全国人大常委会第二十三次会议上做了关于《国家建设征用土地条例（草案）》的说明，指出“建设用地出现了‘自由议价’，甚至出现了变相买卖土地和出租土地的现象，给国家建设和工农关系带来了许多困难和一系列的问题”，“有些地区征地费用越来越高，加上有些干部片面迁就和支持农民的要求，把多收征地费当成使农民富起来的捷径，以致有的地方每征一亩地要花上万元，几万元甚至十几万元；附加条件也越来越多，比如要安排农民进厂当工人，要转城市户口，要汽车拖拉机，要给办工厂、办企业并包利润。……许多建设单位因为满足不了社队或有关方面提出的征地条件，建设工期一拖再拖，影响了国家建设”，因此《条例（草案）》强调“农村社队和农民在按规定得到合理的补偿、安置后，有义务积极支援国家建设”，“土地补偿费和安置补助费标准均留有较大的幅度。……但是各省、自治区、直辖市必须结合本地区的实际情况，在上述标准范围内，制定具体的标准，不留或少留幅度。……在一个省（自治区、直辖市）范围内，标准要明确具体，以免造成就高不就低、讨价还价的状况”；在安置上，指出“由社队自行创造条件，就地就近安置是最基本的方面”，“各地对征地后出现的农业剩余劳动力，应千方百计，通过发展农业生产和多种经营的方式，予以安置。只有在这样做之后确实还安置不完的，报经省、自治区、直辖市人民政府批准后，才能安排到集体所有制单位就业，并相应扣除安置补助费。至于转为非农业户口或城镇户口,更应从严掌握。绝不能理解为凡是征地就要‘招工’、‘转户’。如果某些农民提出这类要求,一定要加强教育,加以纠正。”①

按照这样的立法精神,经五届全国人大常委会第二十三次会议批准,《国家建设征用土地条例》于 1982 年 5 月 14 日由国务院公布施行。在强制性方面,《条例》废除了 1953 年、1958 年“认真贯彻群众路线”、对被征地者进行解释的条款,规定“国家建设征用土地,凡符合本条例规定的,被征地社队的干部和群众应当服从国家需要,不得妨碍和阻挠”,“在征地过程中,煽动群众闹事,阻挠国家建设,贪污、盗窃国家和集体财物,行贿、受贿,敲诈勒索,以及其他违法犯罪行为,构成犯罪的,由司法机关依法追究刑事责任;情节轻微、不构成犯罪的,分别给以治安管理处罚或经济制裁、行政处分”。

在补偿方法上,《条例》沿袭按被征土地原用途产值倍数的计算方法,规定“征用耕地(包括菜地)的补偿标准,为该耕地年产值的三至六倍,年产值按被征用前三年的平均年产量和国家规定的价格计算。各类耕地的具体补偿标准,由省、自治区、直辖市人民政府在此范围内制定”,“征用无收益的土地,不予补偿”,“土地补偿费和安置补助费的总和不得超过被征土地年产值的二十倍”,“被征地单位不得在本条例规定的补偿、补助范围

① 吕克白:《关于〈国家建设征用土地条例(草案)〉的说明》,《中华人民共和国国务院公报》1982 年第 10 期,第 444—447 页。

以外，提出额外要求或附加条件”。

在安置问题上，《条例》规定因征地造成的农业剩余劳动力由县、市土地管理机关组织被征地单位、用地单位和有关单位，通过发展农业生产、发展社队工副业生产、迁队或并队安置，“按照上述途径确实安置不完的剩余劳动力，经省、自治区、直辖市人民政府批准，在劳动计划范围内，符合条件的可以安排到集体所有制单位就业，并将相应的安置补助费转拨给吸收劳动力的单位；用地单位如有招工指标，经省、自治区、直辖市人民政府同意，也可以选招其中符合条件的当工人，并相应核减被征地单位的安置补助费。生产队的土地已被征完，又不具备迁队、并队条件的，本队原有的农业户口，经省、自治区、直辖市人民政府审查批准，可转为非农业户口或城镇户口”。

在征地程序上，《条例》规定用地单位必须与被征地单位协商征地的数量和补偿、安置的方案，“建设地址选定后，由所在地的县、市土地管理机关组织用地单位、被征地单位以及有关单位，商定预计征用的土地面积和补偿、安置方案，签订初步协议”，用地面积的核定需要“在土地管理机关主持下，由用地单位与被征地单位签订协议”。

1983 年 1 月 21 日，国务院发出《关于严格贯彻执行〈国家建设征用土地条例〉的通知》，指出“不少地方没有很好执行《国家建设征用土地条例》中的规定，有的索价过高，敲国家竹杠；有的互相扯皮，长期达不成征地协议；有的甚至无理阻拦施工，影响了国家建设项目的进行”，“中央和国务院领导同志对建设征地问题做了重要指示”，“陈云同志批示：‘征地搬迁也要有法必依。敲国家竹杠，吃基建大户的现象不能再继续下去’。……万里同志批示：‘国务院已有决定，凡不服从规定者，要批评，为此而影响国家建设者，应给以法律制裁。请抓几个例子国务院处理，以教育大家，保证法令的严肃性’”，要求“所有征地和被征地单位都要认真贯彻执行《国家建设征用土地条例》的各项规定，对于违反国家规定，坚持过高要求的，要进行批评；对挪用或占用补偿费和安置补助费，侵占招工、转户指标的，要责令退赔、退回，情节严重的，要给予必要的处分；对于那种借征用土地之机，煽动群众闹事，敲诈勒索，阻碍国家建设及其他违法犯罪行为，当地人民政府要本着‘有法必依，执法必严，违法必究’的精神，严肃处理”。①

随后，《人民日报》1983 年 2 月 23 日刊发了国务院的通知精神，突出“国务院决定：对不执行《国家建设征用土地条例》规定，敲国家竹杠，影响国家建设项目进行的单位和个人，要给以法律制裁”。② 3 月 5 日，《人民日报》刊发“本报评论员”文章《为什么？》，指出“借征地搬迁之机，以各种手段敲国家竹杠，吃基建大户，这是经济建设中十分可恶的一种邪

---

① 《国务院关于严格贯彻执行〈国家建设征用土地条例〉的通知》，《中华人民共和国国务院公报》1983 年第 2 期，第 61—62 页。

② 新华社：《国务院发出通知要求各地严格执行〈国家建设征用土地条例〉》，《人民日报》，1983 年 2 月 23 日，第 2 版。

气。……有些地方以‘维护农民群众的利益’为借口，一再向国家索要高价，拿征地搬迁当成摇钱树，把自己权限所及的范围当作可以任意支配的领地，我行我素，予取予求，谁也惹不起，谁也管不了。这是不能容许的。……值得一提的是，在贾沟矿区，带头向国家出难题、敲竹杠的是大队党支部书记、公社党委书记。这些共产党员难道没有想过自己当初的入党誓言？如果问他们为什么这样干，他们该怎样回答！”[①]6月28日，《人民日报》又刊发王艾生的《绝不允许“敲国家的竹杠”》，指出“被征地单位不应在规定的补偿、补助范围以外，提出额外要求或附加条件。更不允许趁机捞‘油水’，发‘外财’，‘敲国家的竹杠’”。[②]

2.4 1986年的《土地管理法》

1949年以来，我国多次试图制定和出台《土地法》。中央领导同志60年代就曾指示农业部起草土地法，党的十一届四中全会正式公布的《关于加快农业发展若干问题的决定》提出“要尽快制定和颁布

① 《为什么?》,《人民日报》,1983年3月5日,第2版。

② 王艾生:《绝不允许“敲国家的竹杠”》,《人民日报》,1983年6月28日,第2版。

土地法”。[①] 之后，“农牧渔业部（原农业部和国家农委）等有关部门在充分调查研究的基础上，从我国实际出发，草拟了《中华人民共和国土地法（草案）》”，经国务院讨论通过，于 1986 年 3 月 9 日提交全国人大审议。[②] 1986 年 3 月 21 日，中共中央、国务院发出《关于加强土地管理、制止乱占耕地的通知》，要求“建立和完善土地管理法规。要抓紧制订《中华人民共和国土地法》”。[③] 在 1986 年六届全国人大常委会第十六次会议上，由于该法“主要是加强土地管理，解决乱占耕地、滥用土地的问题，关于国土规划、国土整治、国土开发等问题，由于实践经验不够，草案未作规定”，改作《土地管理法》。[④]

《土地法（草案）》“明确规定集体所有制土地为乡镇公有”。[⑤] 根据

---

① 相重扬：《关于〈中华人民共和国土地法（草案）〉的说明》（1986 年 3 月 5 日），载江平主编：《中华人民共和国法律全释：入世修订版（第 12 册）》，中国民主法制出版社 2002 年版，第 307—309 页。

② 赵紫阳：《国务院关于提请审议〈中华人民共和国土地法（草案）〉的议案》，《中华人民共和国国务院公报》1986 年第 17 期，第 539—540 页。

③ 《中共中央、国务院关于加强土地管理、制止乱占耕地的通知》，载马克伟主编：《中国改革全书（1978—1991）· 土地制度改革卷》，大连出版社 1992 年版，第 142—144 页。

④ 宋汝棼：《全国人大法律委员会对〈中华人民共和国土地法（草案）〉审议结果的报告》（1986 年 6 月 16 日），载江平主编：《中华人民共和国法律全释：入世修订版（第 12 册）》，中国民主法制出版社 2002 年版，第 309—311 页。

⑤ 相重扬：《关于〈中华人民共和国土地法（草案）〉的说明》（1986 年 3 月 5 日），载国务院经济法规研究中心办公室、中国经济法研究会秘书处编：《最新经济法规（第五辑）（一九八六年五月至七月）》，机械工业出版社 1987 年版，第 61—65 页。

1986年审议《土地法(草案)》时担任全国人大法律委员会副主任委员的宋汝棼记录,"(《土地法》)草案第九条规定:'全民所有制土地,归国家所有,由县级以上人民政府行使土地所有权。劳动群众所有制土地,为乡镇公有。'许多常委委员和19个省、自治区、直辖市不同意上述规定。他们认为,农村集体所有土地改为乡镇所有,可能在农村中引起波动。有的提出,改为乡镇所有,等于宣布国有,对农民震动太大,农民还是把土地当作命根子,这样改,接受不了。……这是个事关我国农村生产关系的大问题。经过反复研究,与有关部门磋商,才产生了土地管理法的第八条:'集体所有的土地依照法律属于村农民集体所有,由村农业生产合作社等农业集体经济组织或者村民委员会经营、管理。已经属于乡(镇)农民集体经济组织所有的,可以属于乡(镇)农民集体所有。''村农民集体所有的土地已经分别属于村内两个以上农业集体经济组织所有的,可以属于各该农业集体经济组织的农民集体所有。'"①可见,和1982年讨论宪法草案时不少委员要把农村土地规定为国有的情形有些类似,在1982年的宪法未能将农村土地规定为国有的情况下,《土地法(草案)》的起草者想要用"劳动群众所有制土地,为乡镇公有"的表述来暗度陈仓、将农村土地变为实质上的国家所有,但由于"许多常委委员和19个省、自治区、直辖市不同意",通过的《土地管理法》规定农村和城市郊区的土地属于集体所有。

---

① 宋汝棼:《对集体所有的土地的所有权应当如何规定——审议土地管理法草案时的不同意见》,载《参加立法工作琐记》,中国法制出版社1994年版,第120—125页。

《土地管理法》是在原《国家建设征用土地条例》和《村镇建房用地管理条例》基础上制定的（孙佑海等，1998；李元，1998），其中有关征地的规定也基本上与《国家建设征用土地条例》相同。该法规定，国家为了公共利益的需要，可以依法对集体所有的土地实行征用；国家建设征用土地，被征地单位应当服从国家需要，不得阻挠。补偿、安置条款的设置也基本与1982年《条例》一致。

该法第三十一条规定："因国家建设征用土地造成的多余劳动力，由县级以上地方人民政府土地管理部门组织被征地单位、用地单位和有关单位，通过发展农副业生产和举办乡（镇）村企业等途径，加以安置；安置不完的，可以安排符合条件的人员到用地单位或者其他集体所有制单位、全民所有制单位就业，并将相应的安置补助费转拨给吸收劳动力的单位"，"被征地单位的土地被全部征用的，经省、自治区、直辖市人民政府审查批准，原有的农业户口可以转为非农业户口"。转户口、安排被征地劳动力到集体或国有企业就业，在城乡二元分割严重、城乡差距巨大的20世纪80年代，对于缓和征地问题有一定的作用。

该法第三十三条规定："工程项目施工，需要材料堆场、运输通路和其他临时设施的，应当尽量在征用的土地范围内安排。确实需要另行增加临时用地的，由建设单位向批准工程项目用地的机关提出临时用地数量和期限的申请，经批准后，同农业集体经济组织签订临时用地协议，并按该土地前三年平均年产值逐年给予补偿。在临时使用的土地上不得修建永久性建筑物。使用期满,建设单位应当恢复土地的生产条件,及时归还。”按此规定,属于临时用地的,需要同农业集体经济组织签订临时用地协议,逐年按该土地前三年平均年产值补偿。与之相比,征地是永远失地,补偿额却只是“该耕地被征用前三年平均年产值的三至六倍”。

该法第十三条规定,土地所有权和使用权争议,由当事人协商解决;协商不成的,由人民政府处理。……当事人对有关人民政府的处理决定不服的,可以在接到处理决定通知之日起三十日内,向人民法院起诉。在土地所有权和使用权争议解决以前,任何一方不得改变土地现状,不得破坏土地上的附着物。

全国人大常委会 1988 年对《土地管理法》做了些微修改,但没有修改涉及征地的条款。1991 年 2 月 1 日起施行的《中华人民共和国土地管理法实施条例》规定,“县级以上地方人民政府土地管理部门对建设用地申请进行审核,划定用地范围,并组织建设单位与被征地单位以及有关单位依法商定征用土地的补偿、安置方案,报县级以上人民政府批准”,延续了 1982 年《条例》中被征地方参与商定补偿、安置方案的规定。

2.5 1994 年的“继续实行低价征用土地的办法”

1994 年 3 月 25 日,国务院第 16 次常务会议审议通过了《九十年代国家产业政策纲要》(国发[1994]33 号)和《中国 21 世纪议程——中国 21

世纪人口、环境与发展白皮书》(国发[1994]37 号)。不约而同地,这两个在同一天通过的重要文件都提出实行低价征用土地的办法。作为 90 年代制定各项产业政策的指导和依据,《九十年代国家产业政策纲要》规定,"为了加快基础设施建设和基础工业的发展,国家将主要采取以下政策:……对基础设施和基础工业继续实行低价征用土地的办法"。[①] 作为指导国民经济和社会发展中长期发展战略的纲领性文件,《中国 21 世纪议程》在第 12 章"工业与交通、通信业的可持续发展"中指出,为达到交通、通信业可持续发展的目的,要求"交通、通信建设的规划、设计同土地使用规划结合起来,注意节约土地资源,在此前提下,对交通、通信建设用地,实行低价征用办法"。[②]

这种政策在各部门和地方的产业政策和实施中国 21 世纪议程的行动计划中得到了充分的体现。例如,在 1994 年 1 月 21 日贵州省第八届人民代表大会第二次会议上,《政府工作报告》中有关 1994 年工作安排的内容提出,"坚持实行基础设施建设目标责任制,建设用地继续实行低价征用的政策"。[③] 而且,各级地方政府除了有动力全力贯彻中央在两大国策中规定的基础设施建设和基础工业或交通、通信建设领域"继续实行低价

---

① 《九十年代国家产业政策纲要》,载中共中央文献研究室编:《十四大以来重要文献选编》上,人民出版社 1996 年版,第 752—761 页。

② 《中国 21 世纪议程——中国 21 世纪人口、环境与发展白皮书》,中国环境科学出版社 1994 年版,第 97 页。

③ 《贵州年鉴》编辑部编:《贵州年鉴 1994》,贵州年鉴社 1994 年版,第 18 页。

征用土地的办法”之外，还更加彻底地将其扩展到基础设施、基础工业、交通、通信以外的建设领域上去。例如，为了给决策部门提供制定政策的依据和解决问题的办法，北京市发展计划委员会组织北京市各部门的政策研究人员和实际工作者编写的《2001 年北京经济社会发展调查与研究》，在有关“十五”期间北京第三产业发展的政策措施部分里，便提出了“对基础设施和以信息为代表的高科技产业的建设用地实行低价征用的办法”。①

2.6　20 世纪 90 年代的《土地法》起草和《土地管理法》修订

20 世纪 90 年中期，《土地法》列入了八届全国人大常委会的立法规划和国务院 1994—1995 年的立法计划。为加快立法步伐，国家土地管理局 1994 年成立了以李元副局长为主任的《土地法》起草办公室，目的是“尽快制定一部全面调整土地关系的基本法——《土地法》，以取代《土地

① 北京市发展计划委员会政策法规处编：《2001 年北京经济社会发展调查与研究》，中国人口出版社 2001 年版，第 105 页。

管理法》”。[①] 之后，虽然在1995年、1996年国家土地管理局多次向全国人大汇报《土地法》的起草情况并提交草案，《土地法》却一直未能出台。1997年4月15日，中共中央、国务院发出《关于进一步加强土地管理切实保护耕地的通知》，中央领导指示要在冻结非农业建设占用耕地一年内完成《土地管理法》的修改工作。[②] 为此，国家土地管理局5月初成立了《土地管理法》修改小组，李元副局长任组长，国家土地管理局政法司司长甘藏春任副组长，抽调各业务司的业务骨干，组成专门班子修订《土地管理法》。[③] 1998年8月29日，《土地管理法》由第九届全国人大第四次会议修订通过，自1999年1月1日起施行。

国土资源部信息中心(2001)指出：“我国现行的土地征用制度，带有浓厚的计划经济色彩。存在着征用范围过宽，征用补偿属安置补助为主，缺乏应有的法律救济手段等缺陷。随着社会主义市场经济体制的推进，投资主体多元化格局的形成，改革现行的土地征用制度势在必行。1998年在修订《土地管理法》的过程中，我们曾试图进行改革，终因各方面认识不一致未果”。甘藏春(2000)也指出“在《土地管理法》(草案)的起草过

① 国家土地管理局《土地法》起草办公室：《关于起草〈土地法〉的几个主要问题及解决意见的汇报》，1995年9月15日。

② 国家土地管理局：《关于报送〈中华人民共和国土地管理法(修订草案)〉(送审稿)的报告》(国家土地管理局文件[1997]国土[法]字第114号)，1997年8月18日。

③ 汪冬莲：《切实将〈土地管理法〉修改好——访国家土地管理局〈土地管理法〉修改小组副组长、政法司司长甘藏春》，《中国土地》1997年第9期，第12—14页。

程中,争论比较激烈”。由于90年代土地法起草和土地管理法修订都是由原国家土地管理局组织的,起草班子比较稳定,且土地法起草和土地管理法修订中间有曲折多变的激烈争论过程,我们可以从中看出立法者的倾向、意图以及其中的复杂关系。

2.6.1 1995—1996年的倾向

1995年9月15日,国家土地管理局《土地法》起草办公室在《关于起草〈土地法〉的几个主要问题及解决意见的汇报》中,就征地的性质及补偿问题指出:“一种意见认为,征用土地不应局限国家建设需要的范围,凡是社会经济发展、城市扩大需要使用集体土地作为建设用地的,都可以通过政府征地的形式获取土地。至于征地后的供地方式(出让还是划拨)与征地本身无关。征地是政府行为,具有一定的强制性和不平等性,被征地方应无条件服从,无需签订征地协议,政府发出征地通知书即发生法律效力。目前,征地的补偿标准过低,而且按产值倍数计算也不太科学。对于经济发达地区可制定征地基准地价,按征地基准地价补偿,征地基准地价应高于现行征地补偿标准,低于出让土地价;对于经济不发达地区可继续延用按产值倍数的计算办法,适当提高补偿倍数,待时机成熟后也可以采用按征地基准地价补偿的办法。另一种意见认为,征地适用于一切建设用地是计划经济条件下的模式,不符合市场经济原则。按照国际上通行的做法,征地仅限于公共利益的需要(国防、交通、公共设施用地),其他非公共利益需要的用地不应采用征地的办法,而应按照市场原则获取。根据我国实际情况,对属于法定划拨供地范围的(划拨用地可视为公共利益需要)可采用征地的办法,征地补偿标准也低于市场地价;对于不属于法定划拨供地范围的(视为非公共利益需要的营利性用地)不采用征地的办法,而采用政府统一购买土地的方式获取,政府统一购买后,土地所有权归国家,国家再将土地出让给用地单位。统一购买方式取得土地的补偿标准接近市场地价,政府不从中获利。起草办公室认为,在征地之外还有一种政府统一购买方式已突破现有法律规定。对农民来说,征地价格远远低于政府统一购买土地的价格,会驱使农民愿意走政府统一购买的路,而回避征地,造成征地越来越难,最终使公共利益需要的用地也难以保证。征地价格与统一购买土地的价格应当基本一致才不失公平,但这需要有政府财力的保障,现阶段很难做到。因此,采用第一种意见比较现实可行,而且征地补偿标准提高了,也在一定程度上缓解了征地难的问题。"①

1996 年 1 月 4 日,国家土地管理局向全国人大环资委汇报关于《土地法》起草工作的情况,分析起草过程中的难点并提出他们的倾向性意见,指出,"征用土地不应局限国家建设需要的范围,凡是社会经济发展、城市

① 国家土地管理局《土地法》起草办公室:《关于起草〈土地法〉的几个主要问题及解决意见的汇报》,1995 年 9 月 15 日。

扩大需要使用集体土地作为建设用地的，都可以通过政府征地的形式获得土地。目前，征地的补偿标准过低，而且按产值倍数计算也不太科学。对于经济发达的地区可制定征地基准地价，按征地基准地价补偿，征地基准地价应高于现行征地补偿标准，低于出让土地价；对于经济不发达地区可继续沿用按产值倍数的计算办法，适当提高补偿倍数，待时机成熟后也可以采用按征地基准地价补偿的办法。”①在这样的背景下，国家土地管理局《土地法》起草办公室提出《〈中华人民共和国土地法〉（1996 年 1 月 10 日稿）》，其中第九十八条规定：“（征用目的）国家因社会利益和自身利益的需要，以适当补偿为条件，可以征用中华人民共和国境内的一切土地。”②

2.6.2 1997 年的《〈中华人民共和国土地管理法（修订草案）〉（送审稿）》

到 1997 年，情况发生了很大的变化。③ 1997 年 8 月 18 日，国家土地管理局在上报国务院的《关于报送〈中华人民共和国土地管理法（修订草

---

① 国家土地管理局：《关于〈土地法〉起草工作情况的汇报提纲》，1996 年 1 月 4 日。

② 国家土地管理局《土地法》起草办公室：《中华人民共和国土地法》（1996 年 1 月 10 日稿）。

③ 为什么 1996、1997 年前后国家土地管理局在征地问题的意见上发生那么大的转变？目前笔者还缺乏足够的资料来做出全面的回答。

案)〉(送审稿)的报告》中明确提出:“现行土地征用制度是在高度集中的计划经济体制时期形成的,当时对于保证国家建设起到了积极作用。随着社会主义市场经济的发展,这种制度的弊病就日益呈现:一是投资主体多元化,单一国家投资的建设项目越来越少,所有建设项目再沿用国家建设征用土地的做法,易形成大量非国家建设动用国家征地权……国际上通行的做法是,土地征用权属于政府的特权,征地严格限定在公共利益需要范围,不允许滥用征地权。……为此,这次修改《土地管理法》应当对土地征用制度作重大改革:一是界定土地征用范围,将征地限定在社会公共利益范围内。社会公共利益用地主要包括国家机关用地、军事用地、基础设施用地、公益事业用地等。为了保证城市规划实施,为非公共利益建设供应土地,对于城市规划近期建设区可参照征地办法征地,由城市政府成片开发后向市场供地(修订草案第四十条)。……三是改革现行的征地补偿安置方式。现行《土地管理法》按照被征用土地的农作物年产值计算补偿标准的办法已远远不符合现实情况。征地补偿标准的时效性较强,而且采用什么方法来确定补偿标准,还需要在实践中摸索,修订草案没有定死,可由国务院做出具体规定。”①按照这一思路,《〈中华人民共和国土地管理法(修订草案)〉(送审稿)》的第四十条则规定“国家为了下列公共利益的需要,可以对农民集体所有的土地实行征用:(一)国家机关用地

---

① 国家土地管理局:《关于报送〈中华人民共和国土地管理法(修订草案)〉(送审稿)的报告》(国家土地管理局文件[1997]国土[法]字第 114 号),1997 年 8 月 18 日。

和军事用地;(二)城市基础设施用地和公共事业用地;(三)能源、交通、水利等基础设施用地;(四)法律、法规规定的其他用地。为了实施城市规划的需要,城市规划近期建设区用地可以比照前款规定实行统一征用。”

与《送审稿》及其报告相一致,当时国家土地管理局《土地管理法》修改小组副组长、政法司司长甘藏春接受《中国土地》杂志的记者采访,认为:“这次修改《土地管理法》要着重解决以下几个问题。……土地征用制度必须做较大的改革。现行的土地征用制度是在计划经济体制下形成的。在当时的历史条件下对保证国家经济建设,促进国家公有化进程起了积极促进作用。随着经济体制改革的深化,这个制度的弊端也开始显现,表现在:投资主体的多元化,国家已不再是唯一的甚至是主要的投资者,原有的国家建设征地方式已不适应;征地的范围没有限定,什么项目都可以动用国家的征地权;征地的权力过于分散,县以上各级人民政府都可以征地,这是导致我国土地管理长期混乱的一个主要原因;征地的补偿安置方式已不适应城镇集体体制改革的需要;对征地权力的滥用没有任何抑制手段。因此,土地征用制度必须改革”,指出:“改革的方向是:1. 明确土地征用的范围,严格限制在公共目的上,其他用地都应在土地市场或政府兴办的开发区获得; 2. 原则上征地的批准权在中央和省两级; 3. 改变传统的补偿方式,探索与社会主义经济相适应的土地征用补偿方式;

4. 加强对征地过程中的农民司法救济手段。"①

2.6.3 1998年各界对《土地管理法(修订草案)》的意见

《送审稿》上报国务院后,"国务院法制局进一步征求了各省、自治区、直辖市人民政府和国务院有关部门、单位及法律专家的意见,召开了有关部门和单位参加的座谈会。在此基础上,原国务院法制局会同原国家土地管理局对送审稿反复研究、修改,并经国务院第64次、65次常务会议审议,原则通过后形成了土地管理法修订草案"。②《修订草案》完全推翻了《送审稿》中有关征地范围和补偿原则的内容,废除了对土地征用范围的限制,只简单、模糊地规定"国家为公共利益的需要,可以依法对农民集体所有的土地实行征用";《送审稿》明确指出"按照被征用土地的农作物年产值计算补偿标准的办法已远远不符合现实情况",而修订草案却规定征用耕地的补偿费和安置补助费按该耕地被征用前三年平均年产值的倍数计算。

对于这样的修订草案,全国各界人士通过各种渠道表达了鲜明的意

① 汪冬莲:《切实将〈土地管理法〉修改好——访国家土地管理局〈土地管理法〉修改小组副组长、政法司司长甘藏春》,《中国土地》1997年第9期,第12—14页。

② 夏俊:《历史的结晶——〈土地管理法〉修改评述之一》,《中国土地报》,1998年9月3日,第1、2版。

见,提出了大量的改进建议,但基本上没有得到立法者的重视和采纳。

1998年5月12日,中国土地学会1998年5月12日在京召开专家座谈会,讨论《土地管理法(修订草案)》。专家们指出总则中"国家为公共利益的需要,可以依法对农民集体所有的土地实行征用"与第四章所规定的从农地转为建设用地都由国家征用相矛盾,在"希望有关征用土地的内容不要沿用过去的条款,要有所突破"上形成了共识,认为"在经济体制变革中,在建设用地中应明确区别公共用地和非公共用地,并分别给予明确的定义。应规定只有公共用地才能使用征地权,非公共用地不能随意使用征地权"。①

1998年5月13日,全国人大法律委员会、资源与环境保护委员会、农业与农村委员会和人大常委会法制工作委员会等部门联合召开座谈会,征求中央有关部门和群众团体对《修订草案》的意见,铁道部、交通部和农业部认为"按照草案第二条第四款规定,国家为了公共利益需要,可以依法对农民集体所有土地实行征用。这一规定中'公共利益'过于原则,不利于保护集体所有者的利益。因此,建议将'公共利益'的含义规定清楚";②农业部还提出"必须明确土地征用的条件是为了公共利益,同时要

① 邵捷传:《中国土地学会征求对土地管理法(修订草案)意见专家座谈会综述》,《中国土地科学》1998年第3期,第47—48页。

② 法制工作委员会经济法室:《中央有关部门、群众团体对土地管理法(修订草案)的意见》,载卞耀武、李元主编:《中华人民共和国土地管理法释义》,法律出版社1998年版,第334—343页。

对公共利益的含义作出明确界定。与公共利益性质不符的,不能征用"。[①] 5月14日,前述几个委员会又联合征求有关民主党派、专家的意见,中国社会科学院杨重光研究员指出"草案中土地征用的概念是含混的"、"第四章中的征用与总则中的征用是不一致的",认为"对农村集体土地转化为城市土地的,为了公共利益的,可以实行征用,为了经营目的,应该实行征购,而不是征用","同时也要依靠群众进行监督,不得弄虚作假,应是真正意义上的公共利益";[②]民革中央委员何升韬也持相同的观点;中国农业大学张凤荣教授指出"'公共利益'应严格限定在国家机构、学校、军队等方面,其他用地一律进入市场"。[③]

1998年5月16日至19日,全国人大法律委员会副主任委员李伯勇与全国人大常委会法制工作委员会经济法室的工作人员听取了黑龙江省及有关市、县土地管理部门及其他有关部门、单位和专家对《土地管理法(修订草案)》的修改意见,梁学庆提出:"草案第二条规定国家为公共利益的需要,可以依法对农民集体所有的土地实行征用。这是正确的,但在城市的周围,用地大多是不属公共利益,农民可不可以不

---

① 魏莉华:《开门立法,集思广益——全国人大征求土地管理法修订草案意见座谈会》,《中国土地报》,1998年5月28日,第1、3版。

② 同上。

③ 法制工作委员会经济法室:《中央有关部门、群众团体对土地管理法(修订草案)的意见》,载卞耀武、李元主编:《中华人民共和国土地管理法释义》,法律出版社1998年版,第334—343页。

同意征地?”①

在各省、自治区、直辖市汇总并书面送达给全国法律工作委员会的意见中,四川、新疆建议对修订草案第二条第四款中的“公共利益”做出法律界定,并对征用农民集体土地的条件、范围及程序做出明确规定,以保护集体土地所有权人的合法权益;四川还建议对非因公共利益需要和不符合法律程序征用集体土地的,农村集体经济组织和农民应当有权拒绝。②

对于补偿原则,杨重光具体指出:“为了切实保护耕地和农民的利益,可将建设用地分为两部分:公共用地和非公共用地。对确实是为公共目的和公共利益而使用的土地,可以继续实行征用制度,并对被征用者(集体土地所有者)进行征地补偿;对非公共目的和非公共利益而使用的土地,特别是经营性质的土地实行征购,并根据市场需求实行征购价。对用地者,前者实行划拨供应,后者实行有偿出让。对征用耕地的补偿费用,草案不宜规定得太具体,只要有原则规定就可以了。”③在黑龙江,黑龙江

① 法制工作委员会经济法室:《黑龙江省有关部门和一些专家、基层单位对土地管理法(修订草案)的意见》,载卞耀武、李元主编:《中华人民共和国土地管理法释义》,法律出版社1998年版,第351—360页。

② 法制工作委员会经济法室:《各省、自治区、直辖市对土地管理法(修订草案)的意见》,载卞耀武、李元主编:《中华人民共和国土地管理法释义》,法律出版社1998年版,第373—385页。

③ 法制工作委员会经济法室:《一些民主党派、专家对土地管理法(修订草案)的意见》,载卞耀武、李元主编:《中华人民共和国土地管理法释义》,法律出版社1998年版,第344—350页。

省土地管理局提出，征地补偿和安置费标准问题与农民矛盾很大，一个原因就是现行土地管理法规定的土地征用补偿和安置费用标准是计划经济时期的做法，不符合现实情况，标准也过低；尤文郁提出："征用集体所有的土地，规定的补偿和安置费用标准过低。征用后，政府再以出让的方式卖给建设单位几十年的使用权，从中收益不小，这也是前几年出现开发区热、市长、县长愿意多卖地的一个重要原因。但是，这种做法对农民是不公平的，也不利于耕地的保护。按照国外的惯例，征用土地的范围受法律严格控制，只有为公共、公益和国防等事业需要的用地才能征用土地，其他凡是搞经营活动的都要求购地或称为征购。征用与征购的主要区别在于前者要服从国家的需要，后者则可以协商，而不得强制。补偿标准上，实行市场机制的国家和地区对征用土地的补偿按土地市场价格的低值计算，征购的补偿则按土地市场的正常价格计算，否则被征地单位或个人有权拒绝占地。这个办法也适合我国国情，对保护耕地、节约土地大有好处。建议本法也采用这种办法"。[①] 在各省、自治区、直辖市汇总并书面送达给全国法律工作委员会的意见中，福建、青海、山西、上海指出修订草案第四十二条规定的征地补偿标准偏低，建议提高补偿标准，或者不在本法中规定具体标准，由省、自治区、直辖市按照当地实际情况制定；湖南建

① 法制工作委员会经济法室：《黑龙江省有关部门和一些专家、基层单位对土地管理法(修订草案)的意见》，载卞耀武、李元主编：《中华人民共和国土地管理法释义》，法律出版社1998年版，第351—360页。

议对不同类的土地规定不同的补偿标准;福建还建议由土地评估机构根据土地等级评估地价,确定征地补偿基数;安徽认为确定征地补偿标准,既应考虑保护国家、被征地单位和农民的利益,也应考虑保证国家建设用地需要,建议对这一问题再予研究。① 另有大量各地土地管理干部、学者等人民来信也都建议限定征地范围、明确界定"公共利益"概念、改革补偿额的确定方式等。②

2.6.4 1998 年征地制度的转折

对于中央各部门、群众团体、地方、学者和广大人民群众有关限定征地范围、明确界定公共利益、改正征地补偿计算方法的呼声,主持修改法律的人士很清楚,但并不予以重视。《新土地管理法学习读本》指出:"许多同志对法律修改的期望值很高,他们认为,这次修改的幅度还不够大,一些主要问题没有解决,特别是操作程序还不够具体,还是一部'软'法。一是……六是征地补偿安置要改革,草案的办法还是维持计划经济体制下的征地模式,要按照市场经济要求进行改革。"(李元,1998)

---

① 法制工作委员会经济法室:《各省、自治区、直辖市对土地管理法(修订草案)的意见》,载卞耀武、李元主编:《中华人民共和国土地管理法释义》,法律出版社 1998 年版,第 373—385 页。

② 参见卞耀武、李元主编:《中华人民共和国土地管理法释义》,法律出版社 1998 年版,第 386—401 页。

而法律委员会“只对一些主要问题进行了研究、审议，并根据研究、审议的意见形成了提交本次常委会审议的初步修改稿，以便于常委委员再次审议，提出意见，会后将根据委员们的意见作进一步的修改”，有关限定征地范围、对公共利益进行界定、改正征地补偿计算方法等重要问题没有被纳入所谓的“一些主要问题”，也不算“关于征地问题主要意见”。他们认定的“关于征地问题主要意见”包括，“一是有些委员、地方、群众认为，征用土地的补偿费偏低，应当适当提高；二是有的委员、地方认为，征地过程不透明，许多农民直到自己的地被征用了，还一无所知，农民对征地应当有知情权，征地前应举行听证会；三是有的地方、群众提出，征地费用收支情况应当公开，防止被截留、侵占；四是一些地方、群众提出，赞成安置问题实行货币补偿，但是对被征地的农民也不能完全不管，应当支持他们从事开发性经营”。而且，“法律委员会认为，征用土地的补偿费问题较为复杂，各地情况也不同，现在难以做进一步修改”，只“建议在修订草案中增加三条规定：‘征地补偿安置方案确定后，有关地方人民政府应当公告，并听取被征地的农村集体经济组织和农民的意见’、‘被征地的农村集体经济组织应当将征用土地的补偿费用的收支状况向本集体经济组织的成员公布，接受监督’、‘各级地方人民政府应当支持被征地的农村集体经济组织和农民从事开发经营，兴办乡镇企业’”。[①] 从这以后，有关征地的规

① 李伯勇：《全国人大法律委员会关于〈中华人民共和国土地管理法（修订草案）〉初步审议情况的汇报——1998年6月24日在第九届全国人民代表大会常务委员会第三次会议上》，《全国人民代表大会常务委员会公报》1998年第4期，第362—369页。

定就成了定案，全国人大法律委员会副主任委员李伯勇1998年8月24日在九届人大常务委员会第四次会议上做《全国人大法律委员会关于〈中华人民共和国土地管理法(修订草案)〉审议结果的报告》，不再涉及征地的范围和补偿问题。①

对于新《土地管理法》为什么不对征地范围进行限定，由全国人大常委会法制工作委员会和国土资源部主持编写的《中华人民共和国土地管理法释义》指出："本次修改《土地管理法》时未对征地的目的作具体规定，主要是因为情况比较复杂，难以准确界定。我们认为，征用土地是国家为了社会公共利益的需要，将集体所有土地转变为国有土地的强制手段。……征用土地是世界各国政府取得土地的常用办法，但在土地私有制国家里，征用土地的含义与我国有所不同，即表现为一种强制购买权，只有在正常收买无法取得土地时再动用征用权。……我国实行的是土地的社会主义公有制，即国家所有和农民集体所有，并规定土地不能买卖，征用土地是将集体土地转为国有土地并为各项建设提供国有土地的唯一途径。按目前的规定征用土地情况可分为两类，一类是城市建设需要占用农民集体所有的土地，另一类是城市外能源、交通、水利、矿山、军事设施等项目建设占用集体土地的，国家将要为其办理征

① 李伯勇：《全国人大法律委员会关于〈中华人民共和国土地管理法(修订草案)〉审议结果的报告——1998年8月24日在第九届全国人民代表大会常务委员会第四次会议上》，《全国人民代表大会常务委员会公报》1998年第4期，第369—374页。

用土地手续。”①

由全国人大环境与资源保护委员会参加立法工作的人员和有关专家编写的《中华人民共和国土地管理法讲话》则指出:“随着市场经济的深入发展,许多企业使用土地并不是直接为了公共利益,那么,土地征用的范围为什么还是那样广泛呢?可以这样理解:第一,我国土地市场具有政府的垄断性,相应地,土地征用就具有实施政府培育土地一级市场的政策目的,因而,土地征用含实施国家经济政策的目的;第二,通过实施土地征用,可以为国家财政获得稳定的收入,而国家财政的开支显然是为了公共利益;第三,土地征用含的单纯的公共利益或者公共目的仍大量存在。如征用土地用于三峡工程、京九铁路等国家级和地方级的重点工程建设等。”②

对于为什么不对补偿原则和方法进行修改而沿袭按被征土地原用途收益的倍数予以补偿,《中华人民共和国土地管理法释义》指出:“经过反复研究认为:一是征地是一种国家行为,也是农民对国家应尽的一种义务,不是农民向国家卖地;国家征用土地再出让时,决定不同地价的级差地租是国家投资形成的,原则上这项收益应当属于国家。二是征地补偿

① 卞耀武、李元主编:《中华人民共和国土地管理法释义》,法律出版社1998年版,第138—139页。

② 孙佑海等:《中华人民共和国土地管理法讲话》,中国政法大学出版社1998年版,第26页。

以使被征用土地单位的农民生活水平不下降为原则。根据以上两条,对征地补偿标准进行了调整,而对补偿的原则和方法未作修改。"①

最终,1998 年修订的《土地管理法》规定"国家征用土地的,依照法定程序批准后,由县级以上地方人民政府予以公告并组织实施","征地补偿安置方案确定后,有关地方人民政府应当公告,并听取被征地的农村集体经济组织和农民的意见",即政府征地只需公告、听取意见,不再需要与被征地单位商定征地的补偿、安置方案,也不再和农民签协议(甘藏春,2000)。而且,与《土地管理法》第十六条"土地所有权和使用权争议,由当事人协商解决;协商不成的,由人民政府处理。……当事人对有关人民政府的处理决定不服的,可以自接到处理决定通知之日起三十日内,向人民法院起诉。在土地所有权和使用权争议解决前,任何一方不得改变土地利用现状"相矛盾,1998 年 12 月 24 日国务院第十二次常务会议通过、1999 年 9 月 1 日起施行的《土地管理法实施条例》进一步规定:"市、县人民政府土地行政主管部门根据经批准的征用土地方案,会同有关部门拟订征地补偿、安置方案,在被征用土地所在地的乡(镇)、村予以公告,听取被征用土地的农村集体经济组织和农民的意见。征地补偿、安置方案报市、县人民政府批准后,由市、县人民政府土地行政主管部门组织实施。对补偿标准有争议的,由县级以上地方人民政府协调;协调不成的,由批

① 卞耀武、李元主编:《中华人民共和国土地管理法释义》,法律出版社 1998 年版,第 145 页。

准征用土地的人民政府裁决。征地补偿、安置争议不影响征用土地方案的实施。”

因此，1998 年修订后的《土地管理法》一方面将征地的合法范围由宪法规定的“为了公共利益的需要”，扩展到“城市建设需要占用农民集体所有的土地”和“城市外能源、交通、水利、矿山、军事设施等项目建设占用集体土地的”，另一方面把是否征地、征多少地、怎么补偿和安置、补偿和安置标准的确定等事项，规定全部由征地方——政府单方面决定，政府征地只需公告、不再需要与被征地单位签订协议，被征地方——农民只能提供“意见”，农民对补偿标准有争议的，也由征地方——政府来裁决，且“征地补偿、安置争议不影响征用土地方案的实施”。因此，无论是征地范围、征地程序，还是争议解决的机制，1998 年修订后的《土地管理法》及其实施条例、释义中有关征地的规定，比包括计划经济时代的任何一部法律法规都要歧视集体土地产权和农民的财产权利。

2.7　2007 年的《物权法》

在我国物权法的制定过程中，梁慧星负责的中国社科院物权法课题组和王利明领导的中国人民大学课题组分别于 1999 年和 2000 年完成了物权法草案的建议稿，提供给全国人大，由法工委产生物权法草案征求意见稿（梁慧星，2003）。梁慧星主持完成的建议稿明确了公共利益的范围，指出："第四十八条［征收］基于社会公共利益的目的，并依照法律规定的程序，国家可以征收自然人和法人的财产。所谓公共利益，指公共道路交通、公共卫生、灾害防治、科学及文化教育事业，环境保护、文物古迹及风景名胜区的保护、公共水源及引水排水用地区域的保护、森林保护事业，以及国家法律规定的其他公共利益。征收执行人，对自然人、法人因财产被征收所承受的全部损失，应当予以公平补偿。征收不得适用于商业目的。国家基于发展商业的目的而需取得自然人、法人财产的，只能通过订立合同的方式。"（中国物权研究课题组，2000）王利明主持的建议稿则没有对公共利益进行界定，只说"国家基于社会公共利益的需要，可以征收自然人和法人的财产及有关财产权利。但征收必须依照法律规定的程序，并应当支付被征收人合理的、适当的补偿"、"出于社会公共利益的需要，依照法定程序，国家可以征收集体所有的土地为国家所有，但应当对集体土地所有权人、使用权人给予适当补偿"（王利明，2001）。王利明（2006）认为，由于公共利益概念的宽泛性、内容的发展性、内涵的不确定性、层次复杂性，他不主张在物权法中规定公共利益的内涵，也不赞成对公共利益的内涵通过反面排除的方法来加以定义，认为物权法应该维持公共利益的抽象表述。

2005年7月8日，全国人大常委会办公厅公布《中华人民共和国物权法(草案)》,向社会广泛征求意见。《草案》只在第四十九条简单地写道:"为了公共利益的需要,县级以上人民政府依照法律规定的权限和程序,可以征收、征用单位、个人的不动产或者动产,但应当按照国家规定给予补偿;没有国家规定的,应当给予合理补偿。"

2006年8月22日,在十届全国人大常委会第二十三次会议上,《全国人大法律委员会关于〈中华人民共和国物权法(草案)〉修改情况的汇报》指出:"按照现行有关法律规定,农村集体所有的土地只有通过征收转为国有土地,才能进行城市建设、房地产开发。在草案修改过程中,有些常委会组成人员和部门、地方提出,按照现行土地征收制度,农民的利益难以得到充分保护,需要认真研究征地制度改革问题。法律委员会经同国土资源部等部门研究认为,上述意见值得重视。目前我国用地制度改革正在深化,尚待总结实践经验,通过修改现行有关法律从根本上解决这个问题,现在物权法还难以做出具体规定。因此,法律委员会建议原则规定:'建设用地使用集体所有的土地的,应当依照有关法律规定办理。'"在公共利益的界定上,全国人大法律委员会的汇报称:"关于'公共利益'的界定问题。草案第四次审议稿第四十八条规定:'为了公共利益的需要,县级以上人民政府依照法律规定的权限和程序,可以征收农村集体所有的土地和城市房屋及其他不动产。'有的认为,有些地方政府滥用征收权力、侵害农民权益的问题时有发生,应明确界定'公共利益'的范围。有的认为,现实生活中因征收土地侵害群众利益,主要还不是对'公共利益’的界定不清，而是补偿标准过低、补偿不到位。法律委员会反复研究认为，在不同领域内，在不同情形下，公共利益是不同的，情况相当复杂。而且，征收属于公权力的行使。物权法作为民事法律，不宜也难以对各种公共利益做出统一规定。在物权法草案立法论证会上，多数专家也认为物权法难以对‘公共利益’做出具体规定。因此，法律委员会建议物权法对‘公共利益’不作具体界定，以由有关单行法律作规定为宜。”①

2006年10月27日，在十届全国人大常委会第二十四次会议上，《全国人大法律委员会关于〈中华人民共和国物权法（草案）〉修改情况的汇报》指出，“有些常委委员提出，应明确界定公共利益的范围，以限制有的地方政府滥用征收权力，侵害群众利益。关于这个问题，法律委员会经同国务院法制办、国土资源部等部门反复研究，一致认为：在不同领域内，在不同情形下，公共利益是不同的，情况相当复杂，物权法难以对公共利益做出统一的具体界定。法律委员会、法制工作委员会曾提出过一个原则性的修改方案，将‘为了公共利益的需要’修改为‘为了发展公益事业、维护国家安全等公共利益的需要’。对这个修改方案，有关部门和专家认为仍然没有解决问题。法律委员会经研究认为，这个问题仍以维持草案五

---

① 《全国人大法律委员会关于〈中华人民共和国物权法（草案）〉修改情况的汇报》（2006年8月22日），载郭明瑞主编：《中华人民共和国物权法释义》，中国法制出版社2007年版，第513—520页。

次审议稿的规定为妥，公共利益的具体界定还是分别由有关法律规定较为切合实际。”①

所以，与 1998 年《土地管理法》修订时的情况一致，由于情况“复杂”、“现行有关法律规定”，虽然现实中征地问题突出、立法过程中要求改革的呼声很大、广大人民群众对物权法寄予厚望，但物权法仍没有迈出改革现有征地制度的实质性步伐。2007 年通过的物权法只规定“为了公共利益的需要，依照法律规定的权限和程序可以征收集体所有的土地和单位、个人的房屋及其他不动产”，没有对“公共利益”进行界定；在补偿、安置事项上，《物权法》也只规定“征收集体所有的土地，应当依法足额支付土地补偿费、安置补助费、地上附着物和青苗的补偿费等费用，安排被征地农民的社会保障费用，保障被征地农民的生活，维护被征地农民的合法权益。……任何单位和个人不得贪污、挪用、私分、截留、拖欠征收补偿费等费用”。

---

① 《全国人大法律委员会关于〈中华人民共和国物权法（草案）〉修改情况的汇报》（2006 年 10 月 27 日），载郭明瑞主编：《中华人民共和国物权法释义》，中国法制出版社 2007 年版，第 521—535 页。

2.8 结论性评论

2.8.1 计划经济时期征地制度的形成

由于当时国际、国内的政治、经济环境和政治领导人的经济理想，1949 年中华人民共和国在成立以后选择了以优先发展重工业为目标的发展战略。但是，这种发展战略与当时中国的经济状况相冲突，重工业优先发展无法借助于市场机制得以实现。国家为了压低重工业发展的成本，对经济资源实行集中的计划配置和管理，人为地扭曲产品和要素价格，实行工商业的国有化和农业的集体化（林毅夫等，1999），主要的实施机制是“三套马车”——农产品的统购统销制度、人民公社制度和户籍制度，这导致了稳定的城市偏向（蔡昉、杨涛，2000）。已有文献在论及城乡分割、城乡二元、重工业和城市倾向的经济政策时，多谈论农产品价格、户口、劳动力流动、福利或社会保障、金融政策、公共服务、投资等以及由此带来的城乡收入差距（朱玲，1997；Yang，1999；蔡昉、杨涛，2000；陆铭、陈钊，2004；章奇等，2006；林万龙，2007）。本章将其扩展到征地制度的变迁上。

重工业优先的发展战略、城市偏向的政策塑造了计划经济时期的征地制度。在国家推行农业合作化和土地集体化之后,“国家进行社会主义建设的土地征用问题”成为“国家与农民,即工人阶级与农民之间的经济矛盾”的一大表现(林铮,1957)。于是,国家通过修法来表达意志,确立了偏向工业、配合城市建设的征地制度。1958年国务院副秘书长陶希晋在《关于国家建设征用土地办法修正草案的说明》中指出,将补偿倍数由原办法规定的“三年至五年的产量总值”下降为“二年至四年的定产量总值”,是为了“节省国家开支”。同时,由于优先发展重工业的战略直接降低了城市的就业容纳能力,与城乡二元户籍制度的安排一致,1958年《办法》放弃了1953年《办法》中“农民耕种的土地被征用后,当地人民政府必须负责协助解决其继续生产所需之土地或协助其转业,不得使其流离失所。用地单位亦应协同政府劳动部门和工会在条件许可的范围内,尽可能吸收其参加工作”的规定,强调因土地被征用而需要安置的农民“尽量就地在农业上予以安置”,基本排除了农民转业的可能性。

2.8.2　改革时期征地制度的演进

十一届三中全会以后,对传统经济体制的改革从推行家庭联产承包责任制和国有企业扩大企业自主权起步,扩展到对外开放和贸易体制改革等领域。但是,“在向市场经济转轨过程中,追赶发达国家,实现国民经济的现代化,始终是中国工业化战略的首要目标”,政府强行政十预下进行的工业化进程依旧采取低成本的增长模式，对要素价格进行体制性扭曲（刘世锦等，2006）。在许多方面，“改革并没有因工业化中期的到来而做出政策安排上的适应性变化和调整，而是保持和放大了工业化初期特定条件下的政策扭曲，持续向工业和城市偏斜”，进一步“巩固”了改革以前的经济社会二元格局（李成贵，2003）。

这一点在改革开放以后的征地制度变迁中表现得十分明显。为解决征地“要花很大代价，限制了国家的发展”的问题，在1982年宪法的修改过程中，对于当时征地困难、农民要价而“妨碍经济和国防建设”的现象，立法者在讨论过程中的富有感情色彩的言辞形象地展示了当权者对工业、城市的偏向，且这种偏向似乎已经成了他们不自觉的思维模式、意识形态。他们要求通过土地国有化以解决征地困难的设想也反映了他们对国有、全民所有的追求。尽管1982年《国家建设征用土地条例》实现了国家建设低成本用地的目标，对农村土地国有化的追求在1986年《土地管理法》的制定时再次浮现。即使是到了1992年中共十四大提出“经济体制改革的目标是建立社会主义市场经济体制”、1993年中共十四届三中全会通过《关于建立社会主义市场经济体制若干问题的决定》之后，1994年3月25日国务院第16次常务会议审议通过的两个重要国策文件——《九十年代国家产业政策纲要》和《中国21世纪议程——中国21世纪人口、环境与发展白皮书》，仍不约而同地部署“（继续）实行低价征用土地的办法”。

2.8.3　当前的征地制度

1953年和1958年的《国家建设征用土地办法》将“既应根据国家建设的确实需要，保证国家建设所必需的土地，又应照顾当地人民的切身利益，必须对土地被征用者的生产和生活有妥善的安置”确定为“国家建设征用土地的基本原则”，征地补偿费的确定都以政府会同用地单位和被征用土地者的“评议商定”、“共同评定”为原则，突出要在征地工作中走群众路线，将“坚决贯彻群众路线”作为“保证做好土地征用工作的一个重要关键”。1982年的《国家建设征用土地条例》规定用地单位必须与被征地单位协商征地的数量和补偿、安置的方案，预计征用的土地面积和补偿、安置方案需要签订初步协议，最终征地也要签订协议。1986年、1988年的《土地管理法》及其实施条例中也规定，被征地方参与商定征用土地的补偿、安置方案，临时用地的要同农业集体经济组织签订临时用地协议并逐年给予补偿，且“在土地所有权和使用权争议解决以前，任何一方不得改变土地现状，不得破坏土地上的附着物”。

而现行1999年版、2004年版的《土地管理法》及其实施条例、释义在将征地的合法范围由宪法规定的“为了公共利益的需要”扩展到“城市建设需要占用农民集体所有的土地”和“城市外能源、交通、水利、矿山、军事设施等项目建设占用集体土地的”的同时，规定是否征地、征多少地、怎么补偿和安置、补偿和安置标准的确定等，都由政府单方面决定，政府征地只需公告、不再需要与被征地单位签订协议，被征地方只能提供“意见”；农民对补偿标准有争议的也由征地方——政府来裁决，且“征地补偿、安置争议不影响征用土地方案的实施”。

已有研究，如郑振源(2000)、王怀勇(2004)、汪晖、黄祖辉(2004)等，都指出我国的征地制度形成于计划经济时代，从建国后沿用至今，其间虽有一些调整，但是未摆脱计划经济的窠臼，没有从根本上触动征地制度本身。通过上文对征地制度历史变迁的详细考察，更确切地说，当前的征地制度比包括计划经济时代在内的1949年以来的所有时期都更忽视集体土地产权和农民的财产权利。

2.8.4 征地悖论与征地制度改革的瓶颈

宪法规定城市土地属于国有，农村和城市郊区的土地属于集体所有，国家为了公共利益的需要可以征地，土地不得买卖或者以其他形式非法转让。如前所述，作为静态的描述，这样的规定没有问题，但城市扩张的时候就出了问题。我将这个问题称为“城市扩张中非出于公共利益占用农地的悖论”：第一，城市扩张中的非公共利益项目要占用农地，因为是新增的城市用地，按照宪法规定，它必须是国有的，必须把占用的农地从集体所有转为国家所有；第二，因为土地不得买卖，它不能通过购买集体土地来实现所有权属性的转变；第三，因为不是出于公共利益，它没有理由走征地的路子。这样一来，城市扩张中的非公共利益用地便没有一个符合宪法规定的由农村集体所有土地转变为城市国有土地的通道——通过购买来实现土地集体所有向国有的转变，是违反宪法规定的；通过征地来实现土地集体所有向国有的转变，也是违反宪法规定的。这样一来，按宪法规定，城市扩张中的非公共利益建设项目根本无法实施。①

笔者推测，城市扩张中非出于公共利益占用农地的悖论是 1982 年修宪时遗留下来的——修宪时的争论集中在是不是要为了便于建设征地而将农村土地也规定为国家所有的问题上，争论过后最终放弃将农村土地也规定为国家所有，接受了原来修改草案讨论稿的规定，却忽略了对修改草案讨论稿本身具体逻辑问题的考察。另外，可能正是这个悖论的存在，造成了 1982 年以后至今将近 30 年的征地困境，而且，如果宪法条款中明显的逻辑问题不能得到纠正，征地困境可能还会继续拖下去，甚至进一步激化。

2.8.5　立法者与征地制度的改革

从前文对 20 世纪 90 年代《土地法》起草和《土地管理法》修订过程的描述，可以看出，立法者对于原来以及目前征地制度的严重缺陷是十分清

① 在过去 30 年中，城市扩张中的非公共利益用地基本上都是通过征地来实现土地集体所有向国有的转变的。

楚的。例如,国家土地管理局在送交全国人大的报告就指出了“所有建设项目再沿用国家建设征用土地的做法,易形成大量非国家建设动用国家征地权”,“土地征用权属于政府的特权,征地严格限定在公共利益需要范围,不允许滥用征地权”,“征地的补偿标准过低,而且按产值倍数计算也不太科学”,“现行《土地管理法》按照被征用土地的农作物年产值计算补偿标准的办法已远远不符合现实情况”,“征地价格与统一购买土地的价格应当基本一致才不失公平”等。而且,虽然当时他们提出的方案还有不少局限性,如《送审稿》里提出了“为了保证城市规划实施,为非公共利益建设供应土地,对于城市规划近期建设区可参照征地办法征地,由城市政府成片开发后向市场供地”,但已经尝试在《送审稿》中清楚列出了出于公共利益需要的征地范围。在1998年《土地管理法》修订完之后,由全国人大环境与资源保护委员会参加立法工作的人员和有关专家编写的《中华人民共和国土地管理法讲话》在讲解修订土地管理法的必要性时也指出:“原征地制度已不能适应社会主义市场经济的需要,地方政府滥用征地权,使土地的所有权和使用权得不到真正保护;征地范围过大,造成了乱占滥用;劳动用工制度和户籍制度改革,使原有的征地补偿和招工的办法已经无法实现,造成了部分无地农民的生活困难。”①

但是,在《送审稿》送交国务院到最终全国人大通过《土地管理法》前后,立法者的态度判若两人。不知道是绕不开宪法中的逻辑错误,还是其

① 孙佑海等:《中华人民共和国土地管理法讲话》,中国政法大学出版社1998年版,第6页。

他什么原因,对于全国各界人士的鲜明意见,立法者基本上未做出反应。对于征地补偿的确定方法,认为"征用土地的补偿费问题较为复杂,各地情况也不同,现在难以做进一步修改";对于公共利益的界定,认为"主要是因为情况比较复杂,难以准确界定";还将征地范围扩大到所有的城市建设需要占用农村集体土地的,以及城市外能源、交通、水利、矿山、军事设施等项目建设占用集体土地的。即使到了2006年、2007年物权法的制定,他们仍认为"在不同领域内,在不同情形下,公共利益是不同的,情况相当复杂,物权法难以对公共利益做出统一的具体界定"。

2.8.6　国家与农民的关系与征地制度

不少研究将土地产权、土地制度中的缺陷当作有关征地的一系列问题的原因。例如,黄贤金(1996)认为超出公益目的征地、低价征地是对农村地权歧视的表现;黄小虎(2002)认为政府低价征地、高价出让是国家在征地问题上将管理者职能与所有者职能混淆,利用管理者职权与农民争利;于建嵘(2008)指出农民土地权益受损的根本原因是现行土地制度的缺陷;程洁(2006)则强调程序,认为土地征收征用中的程序违法与程序责任缺失是产生权利人失权的根本症结。笔者认为,这些文献都忽略了对土地产权、土地制度、土地市场、征地程序、公共利益界定等本身如何形成的考察。从征地制度的历史变迁来看,土地产权、土地制度、土地市场、征地程序、公共利益界定等本身都是由作为国家代表的立法者人为塑造的，内生于国家的意志、国家对其与农民关系的判断和处理。

从这个角度来看，姚洋(2007)提出的“产权问题在征地这个环节上并不是一个很重要的问题”是有道理的。而国家如何看待和处理自身与农民的关系，是否愿意保护集体土地产权和农民的财产权利，是否愿意将完整的财产权利给予农民，农民是否能够具有谈判能力，将进一步塑造土地产权、土地制度、土地市场、征地程序、公共利益的界定等，进而决定征地制度的走向。

2.8.7 农村土地集体所有是一种均衡

自20世纪50年代农业合作化以后，我国农村土地实行集体所有制。毛泽东1958年11月在《读斯大林〈苏联社会主义经济问题〉谈话》中指出：“苏联宣布了土地国有，我们没有宣布土地国有。斯大林不卖拖拉机等生产资料给集体农庄，我们卖给人民公社。所以在我们这里，劳动、土地及其他生产资料统统都是集体农民的，是人民公社集体所有的。”①

对于20世纪50年代农村土地的所有权从农民私有转为集体所有的

① 毛泽东：《读斯大林〈苏联社会主义经济问题〉谈话》，载邓力群编：《毛泽东读社会主义政治经济学批注和谈话(简本)》，中华人民共和国国史学会2001年版，第7—43页(引文见第29页)。

变革，周其仁（1994）指出，50 年代初国家领导了土地改革运动，把自己的意志铸入了农民私有产权，当国家的意志改变的时候，同样可以通过政治运动改变所有权，改变农民的私有制，"国家可以任意指定所有权和改变所有权合约而无须经由与社会协商"，但"中国的农业集体化至少同苏联相比更不依赖于直接的暴力强制"。党国印（1998）对国家任意指定所有权和改变所有权合约的能力和历史事实没有疑义，但对其间国家暴力潜力所起的作用提出了商榷，指出合作化时期农民是有抵触的，合作化的主要推动力是政府的暴力潜力，分散的农民根本无法与之对抗。

与周其仁（1994）、党国印（1998）指出的国家能够单方面、任意指定农村土地所有权不同的是，如前文所述，在 1982 年的宪法修改、1986 年的《土地管理法》制定过程中，国家的代表——立法者也不得不考虑宣布农村土地国有或用"劳动群众所有制土地，为乡镇公有"将农村土地变为实质上的国家所有可能产生的后果，而不得不回归到集体所有的规定。从这可以看出，农民制造"波动"、"震动"、"动荡"的潜力，也能在一定程度上对抗国家展示"暴力潜能"、按其意志将农村土地国有化的冲动。从这个角度来看，农村土地的集体所有是国有和私有这两个极端之间的一个均衡——虽然国家有强烈的意愿将农村土地国有化，但又不得不顾及农民的"心理"，考虑是否会有"波动"、"震动"和"动荡"，会不会"除了动荡将得不到任何东西"。①

① 现在的做法是，不通过立法宣布农村土地国有，而是通过土地征收，一块地一块地地、一步一步地将农村集体土地变为国有。由于每一次征收只涉及一个村庄或几个村庄，涉及的面比较窄，比较不会有"波动"、"震动"和"动荡"。

第3章　招商引资、土地财政与政府主导的农地转用

扩建城市，兴修高速公路等等，征用农村土地。每亩地给二三万块钱，转手就卖几十万、二三百万。这是对农民的一种剥夺。马克思主义者不能剥夺农民。企业在农村圈地，也是贱价进、高价出。中国农民贡献很大。革命战争时期，贡献了成千成万的生命。建国以后，农民自己少吃少用支持城市，供应非农业人口，发展第二第三产业。现在我们已经进入大规模工业化时期，不能再“剥夺”农民了。①

——杜润生

① 杜润生：《城乡差距比两极分化更值得关注》（2002年9月11日），载杜润生：《杜润生自述：中国农村体制改革重大决策纪实》，人民出版社2005年版，第291—295页。

3.1　问题的提出

本章探讨政府主导的农地转用开发，主要回答两个问题：第一，20 世纪 90 年代中后期以来政府主导的土地经营行为是怎样形成的？第二，政府具体是怎样进行土地经营的？

中国的分权式改革调动了地方增产节约、增收节支的积极性，成为中国经济转型成功的主要原因（王永钦等，2006），也让地方政府成了拥有自身经济利益的主体，具有了独立的行为目标和行为模式（沈立人、戴园晨，1990；王丹等，2005）。中央对地方的政绩考察严重依赖于经济指标，地方官员则极力通过经济指标来显示政绩（周业安，2002；Li and Zhou，2004）。现行"淘汰制"的干部晋升制度诱使政府官员着力关注短暂任期内的"政绩工程"，而上下级之间的信息不对称性导致基层官员以"资源密集型"工程发出有关自己政绩的信号，各级政府在经济改革过程中强化了对辖区内计划外财政收入或其他资源的攫取，自上而下地向所辖区域的下属组织和个人索取资源，而这些行为又由于同级政府官员之间的竞争而强化和延续（周雪光，2005）。除了 GDP 等经济指标外，地方政府官员显示政绩的重要内容是城市发展和城市建设的成就（马润潮、吴缚龙，2007）。

能让人留下深刻印象的城市建设,尤其是标志性的建设项目,如高耸的地标性建筑物、干净整洁的开发区、鳞次栉比的现代化厂房、大马路、大广场等,都是城市建设成就的重要展示。而且,发展地方经济与推动城市建设又是相互交织、相互促进的。

对于中国地方政府所扮演的角色、所发挥的作用,学术界提出了"地方法团主义"(Local State Corporatism,由 Jean Oi(戴慕珍)提出)、"地方政府即厂商"(Local Governments as Industrial Firms,由 Andrew Walde(魏昂德)提出)、"地方性市场社会主义"(Local Market Socialism,由 Nan Lin(林南)提出)、"村镇政府即公司"和"谋利型政权经营者"、"政府+谋利集团"等理论或概念(丘海雄、徐建牛,2004a;苏红、陈金永,2005)。丘海雄、徐建牛(2004b)指出,地方政府的行为在市场转型过程中是动态的,从政府直接参与企业、既当官员又当企业家的"地方法团主义",发展到地方政府退出企业、从外部大力度地为地方经济的发展提供全方位的服务的"后地方法团主义",再到地方政府培育中介组织取代自己的部分功能的"后后地方法团主义"。与这类观点相交织的是,近年来西方城市政治学语境下的"精英联盟"(Elite Coalition)、"城市政体"(Urban Regime)、"成长取向联盟"(Pro-Growth Coalitions)、"增长联盟"(Growth Coalition)、"增长机器"(Growth Machine)、"公私合伙关系"(Public-private Partnerships)等概念也逐渐被应用于有关中国经济与城市发展的研究中,如康晓光(2003)、何丹(2003)、陈蔚镇(2006)、罗小龙和沈建法(2006)、Zhu(1999,

2004)、Zhang(2002a,2002b)、Ma(2006)、Leaf 和 Hou(2006)、Zhang(2006)、Hsing(2006)、Xie 和 Stough(2002)、Zhang 和 Fang(2004)等。这些概念还被引进应用于有关中国的开发区建设、老城区改造、房地产开发、土地征用等问题的研究上。Luo 和 Shen(2004)分析中国商业—政府联盟(Business-Government Coalition)的形成时认为中国的城市增长联盟与西方国家存在着差异;Ma(2006)不反对使用这些西方理论,但认为必须留意将这些理论应用于中国问题时的不足和局限;Hsing(2006)则指出,美国的城市增长机器是由地方政客、私人开发商、地方媒体和专业团体的联盟趋动的,与之相比,中国城市增长机器主要是由国家不同条块之间的竞争和联盟趋动的,其他各方的作用并不明显。周飞舟(2007)认为学界对于中国以发展经济和谋取利益为主的"公司化"集团,是由过去的政治精英、还是由新兴的经济精英组成,目前还存在复杂和有趣的争论,但是对地方政府的"谋利化"倾向在很大程度上达成了共识——在市场经济成长、计划经济退场的转型过程中,过去作为计划经济主导的政府并没有"退场",而是改变了发生作用的方式,或者说以一种新的方式在市场经济的成长过程中发挥作用。

一些学者敏锐地观察到了 20 世纪 90 年代以后地方政府对土地收入的倚重(周飞舟,2005;Zhou,2009;陶然等,2007;曹广忠等,2007;Cao et al.,2008;Liu et al.,2008;吴群、李永乐,2009)以及政府行为的巨大转变——从经营企业转向了经营城市(周黎安,2008),从"抓住办企业的权利”转向“抓住土地开发权”（曹正汉、史晋川，2009），从抓工业化转向抓以大规模征地为特征的城市化（Kung et al.，forthcoming）。另一些研究则讨论了地方政府压低土地价格以招商引资的行为（北京大学中国经济研究中心宏观组，2004；钟笑寒，2005；郭庆旺、贾俊雪，2006；张清勇，2005、2007；张莉等，2009）。张五常（2009）从佃农理论出发，认为中央将全国的土地通过省、市、县层层承包出去，土地的使用权落在了县级政府的手上，在中国激烈的地区竞争中，不同地区的工业地价可以从每亩数十万下降至负值，在中央—地方财政分成率不变的条件下，土地使用达到了最高的经济效率。张五常认为这是人类历史上最精彩的分成制度，是“中国经济今天还继续飙升的主要原因”。近年来的一些文献观察到了地方政府对于不同用地类型的不同处理手法，开始有意识地区分工业用地和经营性用地，对地方政府经营土地的做法进行探讨（经济增长前沿课题组，2003；张清勇，2005；赵燕菁、庄淑亭，2008；相天东，2008；程锦锥，2009；陶然等，2009）。

这些研究增进了我们对地方政府决策、工业用地和经营性用地的处理、通过土地批租筹集城市建设资金等话题的理解，但对于这一系列问题的背景、相互关系等，还没有足够清晰的解说。首先地方政府利用土地来发展经济、扩张城市的意愿、能力和制度环境等细节有待清晰刻画；其次，需要区分不同用地类型，对地方政府一手以低价工业用地招商引资、一手出让经营性用地筹集城市建设资金的内在逻辑及其相互关系进行梳理。

本章尝试在这些方面做出改进。

3.2　城市经营的来历

国内最早提到“城市经营”、“经营城市”的文献是振仁从《东洋经济》摘译发表于 1984 年 4 月 26 日《经济日报》的《神户市的“城市经营”艺术》。该文介绍了神户市市长宫崎辰雄把企业经营管理艺术运用到市政建设上的成绩和问题。[①] 1986 年，朱万清、朱鹏翻译了宫崎辰雄的回忆录《我的履历书：神户的城市经营》，由时任天津市市长的李瑞环题序出版。[②] 何钟秀、曾涤 1988 年出版了《城市科学》，其第十二章“城市管理”的第五节“城市经营管理”开篇写道，“这里想讨论一个近几年出现的新问题，即城市管理中的经营问题。我们过去强调的是静态的管好城市，不是动态的经营城市。因此，在城市管理工作中，总是想办事，没有钱，只好拖。……在大城市用改善城市交通、服务和生态环境的方法，进行房地产经营开发，将是积累资金，发展社会再生产，提高就业率的主要途径，但也

---

① 振仁：《神户市的“城市经营”艺术》，《经济日报》，1984 年 4 月 26 日，第 4 版。

② 〔日〕宫崎辰雄：《我的履历书：神户的城市经营》，朱万清、朱鹏译，天津人民出版社 1986 年版。

还有其他一些途径”，提出了经营投资市场、技术转让市场、开发智力领域、租赁经营管理、生产自养管理等经营设想。① 之后，大概只有一些学术动态性文章介绍国外城市经营的经验，且没有引起太大的关注。

到20世纪90年代后期，“城市经营”、“经营城市”在中国成了一股热潮。1998年9月，在中国城市经济学会的一次研讨会上，中国城市经济学会会长汪道涵提出，今后城市现代化建设要走“经营城市”的新路。②《经济日报》1999年3月25日、4月1日、4月8日以《城市也是可以“经营”的》、《重新认识城市资产》、《“母系统”与“子系统”》为题连续刊登了薛晓峰的“学会城市经营”系列谈，同时刊登了长沙市委书记阳宝华的《走经营城市之路》、记者钟伟的《看长沙如何经营城市》等文章。③ 1999年9月4、5日，来自全国124个中小城市的市长、城建工作者共300余人参加了在湖南省浏阳市召开的全国中小城市发展研讨会，“对‘城市经营’这一新概念进行了广泛的交流和探讨”，讨论了浏阳市政府把城市的土地使用权、基础设施、公用服务设施等推向市场、滚动经营、加快城市发展的新

① 何钟秀、曾涤：《城市科学》，浙江教育出版社1988年版。

② 《中国城市经济学会中等城市专业委员会关于树立“城市经营”新理念的研讨综述》，《城市》2002年第1期，第4、5页。

③ 薛晓峰：《城市也是可以“经营”的》，《经济日报》，1999年3月25日，第13版；《重新认识城市资产》，《经济日报》，1999年4月1日，第13版；《“母系统”与“子系统”》，《经济日报》，1999年3月25日，第13版；阳宝华：《走经营城市之路》，《经济日报》，1999年3月25日，第13版；钟伟：《看长沙如何经营城市》，《经济日报》，1999年3月25日，第13版。

路子。①

到了 21 世纪初，“城市经营”、“经营城市”热进一步发烧，甚至到了言必称“城市经营”、“经营城市”的地步，同时，“城市经营”、“经营城市”开始向“土地经营”侧重。2000 年 8 月 1 日的《人民日报》刊登了王照环的《做好经营城市这篇大文章》。② 政府部门、学会等纷纷召开以“城市经营”、“经营城市”、“经营土地”为主题的各类讨论会和培训班。2001 年 5 月，中国城市经济学会大城市专业委员会在西安市召开了“2001 年城市经营研讨会”，10 月中国城市经济学会中等城市经济研究会在十堰市召开第 12 次年会暨经营城市研讨会，12 月在杭州召开的中国城市规划学会 2001 年年会将城市经营与管理作为一个独立的分会场；国土资源部 2002 年 5 月举办以“经营土地、经营城市”为主题的第八期国土资源管理市长研讨班，全国 40 多个城市分管国土资源管理工作的政府领导和国土资源局长参加研讨会，全国 14 个市、县（旗）作为重点发言单位，介绍了他们经营土地、经营城市的成功经验；③中国土地学会城市土地分会 2003 年 9 月

---

① 刘喜清：《百名市长研讨“城市经营”之路》，《城市规划通讯》1999 年第 20 期，第 12 页。

② 王照环：《做好经营城市这篇大文章》，《人民日报》，2000 年 8 月 1 日，第 9 版。

③ 王民忠：《提高经营城市土地水平——第八期国土资源管理市长研讨班启示录》，《中国土地》2002 年第 6 期，第 10—12 页。

在杭州召开了全国城市土地经营研讨会；①国土资源部土地利用司、《中国地产市场》杂志社2004年8月举办全国经营土地与提高城市综合竞争力研讨会暨培训班等。②

于是，城市经营、经营城市在实际操作过程中很大程度上变成了土地经营、经营土地，变成了大规模征地、大拆大建。这种情况十分普遍，以至于不少评论发出了"是'经营城市'还是'经营土地'"、"'经营城市'何以变成'经营土地'"的疑问，指出"经营城市≠经营土地"、"不可混淆经营城市与经营土地的关系"、"慎防经营城市变成经营土地"、"警惕经营城市就是经营土地的错误发展观"等。③

---

① 中国土地学会城市土地分会：《做好城市土地经营这篇大文章——全国城市土地经营研讨会综述》，《重庆国土资源》2004年第1期，第11—14页。

② 齐中熙：《我国全面实行土地招标拍卖挂牌》，《人民日报》，2002年8月13日，第5版。

③ 锦秀文：《是"经营城市"还是"经营土地"》，《经济日报》，2004年8月27日；陈玉恒：《是"经营城市"还是"经营土地"？》，《中国建设信息》2003年第8期，第38—39页；王新新：《"经营城市"何以变成"经营土地"》，《农民日报》，2003年9月4日；《经营城市≠经营土地》，《亚太经济时报》，2004年6月11日；袁晓勐：《不可混淆经营城市与经营土地的关系》，《中国社会科学院院报》，2004年6月8日；《慎防经营城市变成经营土地》，《文汇报》，2004年12月16日；《警惕经营城市就是经营土地的错误发展观》，《农村工作通讯》2004年第3期，第4页。

3.3 政府经营土地的行为是怎样形成的?

中国地方政府经营土地的行为内生于20世纪八九十年代的一系列改革。这些改革包括:从20世纪80年代末起步的土地使用制度改革,从1994年1月1日开始实施的分税制财政体制改革及其中有关中央和地方分享土地相关收入的规定,90年代初以来上海浦东开发的示范效应,90年代后半期的房改和房地产业被定为支柱产业,以及1998年《土地管理法》修订时征地制度的转折。这些新的动向与地方政府通过经济发展和城市建设显示政绩的目标相结合,共同塑造了地方政府经营土地的行为。

3.3.1 土地使用制度改革

改革开放之前,土地被排除于经济交易之外,用地单位无偿使用划拨用地,但也无权将所用土地转让给第三方;征地仅限于中央各部门项目建设的需要,地方政府大体上只在中央项目分配后负责具体投资用地的落实。改革开放之后,为应对兴办中外合资企业、企业改革中的用地问题,中国开始逐步推行土地使用制度的改革。1979年《中外合资企业经营法》提出对场地使用收取使用费，1987年深圳试点有偿出让土地，1988年修改宪法、规定“土地的使用权可以依照法律的规定转让”，紧接着修改的《土地管理法》规定“国家依法实行国有土地有偿使用制度。国有土地有偿使用的具体办法，由国务院另行规定”，1990年国务院发布《城镇国有土地使用权出让和转让暂行条例》、《外商投资开发经营成片土地暂行管理办法》，中国的城市土地使用制度逐步实现了从无偿、无限期向有偿、有限期使用的转变。

在这一重大的制度变迁中，需要关注的是谁最终代表国家出让土地、出让的权限怎么划分、谁具体组织土地出让、土地出让收入怎么分配等事项。1986年《土地管理法（草案）》要给乡级政府批准用地的权力，但在立法讨论过程中，“有些委员提出，为了制止乱占土地，最好不给乡级政府批准用地的权力。因此，建议将修改稿第四十条修改为：‘乡（镇）村公共设施、公益事业建设，需要使用土地的，经乡级人民政府审核，报县级人民政府批准’”，并最终通过。[①] 于是，1986年以来的《土地管理法》规定：“国务院土地管理部门主管全国土地的统一管理工作。县级以上地方人民政府土地管理部门主管本行政区域内的土地的统一管理工作，机构设置由省、自治区、直辖市根据实际情况确定。乡级人民政府负责本行政区域内

① 宋汝棼：《关于〈中华人民共和国土地管理法（草案）〉（修改稿）修改意见的说明》（1986年6月24日），载江平主编：《中华人民共和国法律全释：入世修订版（第12册）》，中国民主法制出版社2002年版，第311—312页。

的土地管理工作。”另据1989年国务院《关于出让国有土地使用权批准权限的通知》，“出让国有土地使用权的批准权限为：耕地一千亩以上、其他土地二千亩以上的，由国务院批准；耕地三亩以下，其他土地十亩以下的，由县级人民政府批准；直辖市、自治州人民政府的批准权限，由省、自治区人民代表大会常务委员会决定”。1990年《城镇国有土地使用权出让和转让暂行条例》又规定“土地使用权的出让，由市、县人民政府负责，有计划、有步骤地进行”，“土地使用权出让的地块、用途、年限和其他条件，由市、县人民政府土地管理部门会同城市规划和建设管理部门、房产管理部门共同拟定方案，按照国务院规定的批准权限报经批准后，由土地管理部门实施”。

笔者粗略地统计了一下，1986年通过的《土地管理法》中“县”字出现了29次，1988年第一次修正的《土地管理法》中“县”字出现了30次，1998年修订和2004年第二次修正的《土地管理法》中“县”字都出现了40次。据《中国国土资源年鉴1999》，1998年全国出让的130417宗土地中，省级出让2748宗，占2.11%；地市级出让22329宗，占17.12%；县级出让130416宗，占80.77%。除了出让土地，《土地管理法》规定土地使用权的登记造册和核发证书、土地争议的处理、土地调查、土地统计、闲置土地的收回、土地征收的公告和实施、建设项目用地的审批、土地违法行为的监督检查等事项都由县或县级以上人民政府或县级以上人民政府土地行政主管部门负责。

所以,经过土地使用制度改革、土地使用权出让合法化之后,以县为主的地方政府具体承担了城市土地的管理和土地使用权出让的任务。或许是睁一只眼闭一只眼,或许是鞭长莫及,或许是难以处理,中央对于地方土地事务的干预往往难以奏效①,地方政府总有足够多的办法去应对中央的监督和干预②。于是,在中国的分权式经济改革和渐进式城市土地制度改革的过程中,手中资源很少的地方政府发现原本无偿、无限期给用地者使用的土地成了重要的资产和财政收入的重要来源,而它又可通过协议形式出让带有补贴性质的土地来推行其特定的政策(朱介鸣,2000)。各地地方政府在土地事务上一改过去很大程度上只被动接受上级指令和超然的态度,积极利用土地这一重要资源,土地也在一定程度上成了撬动地方经济发展和加快城市建设的重要杠杆。③

---

① 1992、1997、2003 年的大规模开发区清理整顿以及个别年份的土地收入专项治理、专项审计一方面体现了中央的权威,另一方面则反映了中央干预地方土地事务的难度——不得不采取运动式治理方式。

② 例如,应对中央关于批准权限的规定,地方常将大片土地化整为零,变相扩大审批权,前些年的铁本案便是一例。据保守估计,1991 年至 1994 年地方政府应报国务院审批的用地 1080 宗,实际报送 202 宗,而应报省级审批而不报的则更多,见杨重光、吴次芳:《中国土地使用制度改革十年》,中国大地出版社 1996 年版,第 130 页。

③ 地方政府没有税收立法权,没有举债权,也没有独立的主体税种,收入主要依靠共享税等。见安体富:《基层财政为啥那么困难》,《新青年 · 权衡》2006 年第 1 期。

3.3.2　分税制财政体制改革

1993 年 12 月 15 日，国务院发出《关于实行分税制财政管理体制的决定》，决定改革原来实行的地方财政包干体制，从 1994 年 1 月 1 日起对各省、自治区、直辖市以及计划单列市实行分税制财政管理体制。分税制的主要内容和原则是：按照中央与地方政府的事权划分，确定各级财政的支出范围；根据事权与财权相结合原则，将税种统一划分为中央税、地方税和中央地方共享税，并建立中央税收和地方税收体系，分设中央与地方两套税务机构分别征管；核定地方收支数额，逐步实行中央财政对地方的税收返还和转移支付制度；建立和健全分级预算制度，硬化各级预算约束。[①]

改革将财政收入分为中央固定收入、地方固定收入、中央与地方共享收入，使中央财政在中央—地方关系中保持强劲的支配能力。而且，在 1994 年分税制改革以后，中央在收支基数和上缴份额上有机会主义行为，如印花税原本为中央和地方的共享税，各占 50% 的收入，但 1997 年 1 月 1 日调整为中央占 80%，地方占 20%（姚洋、杨雷，2003）；2002 年中央将原来属于地方税收的企业所得税和个人所得税变为中央—地方共享税种，

① 《国务院关于实行分税制财政管理体制的决定》，《中华人民共和国国务院公报》1993 年第 30 期，第 1462—1467 页。

中央占 60%，地方占 40%（周飞舟，2006）。① 在现行的财政体制下，虽然分税制改革设计的是中央财政与省级财政之间的分配格局，但每一级政府有权决定它与下一级政府采取的财政划分办法，造成财权层层上收的效应，分税制所划定的中央与省之间的关系几乎被完整地传递到县乡基层财政（周飞舟，2006）。

如图 3－1，从 1978 年到 1993 年，地方财政收入一直多于中央财政收入，1993 年地方财政收入占全国财政收入的 78%。从分税制财政体制改

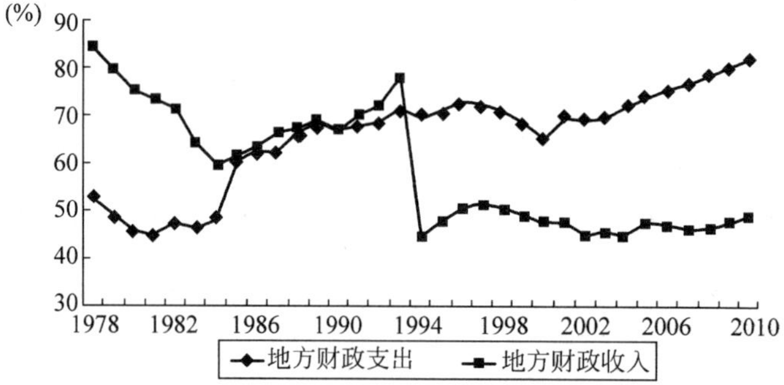

图 3－1　地方财政收入和支出占全国财政收入和支出的比重：1978—2010

资料来源：《中国财政年鉴 2000》、《中国统计年鉴 2009》。

① 2001 年 12 月 31 日《国务院关于印发所得税收入分享改革方案的通知》改革原按企业隶属关系划分所得税收入的办法，对企业所得税和个人所得税收入实行中央和地方按比例分享，“除铁路运输、国家邮政、中国工商银行、中国农业银行、中国银行、中国建设银行、国家开发银行、中国农业发展银行、中国进出口银行以及海洋石油天然气企业缴纳的所得税继续作为中央收入外，其他企业所得税和个人所得税收入由中央与地方按比例分享”，2002 年所得税收入中央和地方五五分成，2003 年中央分享 60%，地方分享 40%，而“2003 年以后年份的分享比例根据实际收入情况再行考虑”。

革开始实施的 1994 年起，地方财政收入在全国财政收入中的比重大幅度下降，1994 年仅占全国财政收入的 44.3%，之后基本上维持在 50% 以下，在 45% 左右的水平上徘徊。但是，地方财政支出占全国财政支出的比重不但没有减少，还呈上升态势，由 1993 年的 71.7% 上升到了 2010 年的 82.2%。

在财权上收且既定税种分配关系确定的情况下，任务依然艰巨而又希望有所作为的地方政府不得不另找财源——努力增加地方税种和共享税种的收入以及中央难以管理的预算外收入。这样一来，土地收入和与土地开发有关的收入的重要性就凸显了出来。

3.3.3　土地及相关收入的分配

从 20 世纪 80 年代土地价值开始逐步显现起，中央政府和地方政府在土地收入问题上一直存在着纵向竞争关系：当中央政府参与土地收入分成时，地方政府总是通过种种努力规避中央分成、尽量将土地收入留在本级政府；而中央和地方之间重新确定土地收入的分成规则时，纵向财政竞争又表现为中央和地方之间的激烈讨价还价（张清勇，2009）。由于各类土地收入由地方征管，地方政府占有信息优势，土地收入的分成比例向着有利于地方政府的方向演变，耕地占用税从 1987 年 4 月的“50% 上解中央财政，50% 留地方财政”变为 1989 年 1 月“中央 30%，地方 70%”，到 1994 年全部划入地方固定收入；城镇土地使用税从 1988 年 11 月“中央与地方均暂实行五五分成”,变为从1994年1月起全部划归地方;而在数额庞大的土地有偿出让收入上,中央分成的比例在1989年从40%下降到32%后,1992年进一步降到5%,而从1994年起全部划入地方收入。另外,根据《国务院关于实行分税制财政管理体制的决定》,营业税(不含铁道部门、各银行总行、各保险总公司集中交纳的营业税)属于地方固定收入,主要是对建筑业和第三产业征收的税收,其中建筑业、房地产业又是营业税的大户。

1998年8月29日,九届全国人大第四次会议修订通过的《中华人民共和国土地管理法》规定“新增建设用地的土地有偿使用费,百分之三十上缴中央财政,百分之七十留给有关地方人民政府”,同时延续了1997年4月15日中共中央、国务院《关于进一步加强土地管理切实保护耕地的通知》中“原有建设用地的土地收益全部留给地方”的规定。不过,在实际执行中,中央和地方的新增建设用地土地有偿使用费并没有按比例分成。根据国土资源部和财政部的规定,新增建设用地有偿使用费的收缴采用包干制的办法,即按城市类别、有偿使用土地比例等确定每平方米的上缴收益,由市县政府一次缴交中央金库,而与出让的实际价格无关,所以出让价格高的市县政府收入高,上级也不参与分配,出让价格低的市县政府收入较少,中央也不减免上缴收益。① 根据原国土资源部政策法规司

① 束伟星:《经营好城市土地的思考》,《国土资源科技管理》2002年第5期,第4—6页。

司长甘藏春接受《人民日报》记者采访时的介绍，这样计算的新增建设用地有偿使用费实际征收标准和出让土地纯收益之间还有相当大的差距。①即便如此，新增建设用地有偿使用费的征收仍存在不少问题。例如，2004年财政部组织11个专员办对新增建设用地土地有偿使用费进行专项检查，共查出应缴未缴的新增建设用地土地有偿使用费共139.8亿元，其中未缴中央的达34.62亿元。②

所以，从1994年1月1日起，与土地出让、土地开发有关的收入，如城镇土地使用税、土地增值税、房产税、耕地占用税、契税、国有土地有偿使用收入、营业税等都划入了地方收入。而2002年中央又将原来属于地方税收的地方企业所得税和个人所得税变为共享收入（中央占60%，地方占40%），进一步减少了地方政府能从企业发展中获得的收入，也加重了地方政府对于土地出让、土地开发有关收入的倚重程度。

3.3.4　浦东开发的示范作用

20世纪90年代初，国家决定大力开发上海浦东。中共十四大的报告提出“以上海浦东开发开放为龙头，进一步开放长江沿岸城市，尽快把上

---

①　夏珺：《土地收益不能成为市长“零花钱”》，《人民日报》，2006年9月18日，第13版。

②　中国财政杂志社编：《中国财政年鉴2005》，中国财政杂志社2005年版，第133—135页。

海建成国际经济、金融、贸易中心之一，带动长江三角洲和整个长江流域地区经济的新飞跃”。① 根据原上海市副市长赵启正的回忆，1993 年浦东新区的财政收入只有 12 亿元，没有多少余力投资市政基础设施和开发土地。于是，浦东新区采取“空转启动，滚动开发”的土地开发模式——“以土地吸附资金，以资金开发提升土地价值，再以土地吸附更多资金，并以此推动更大规模的土地开发”，到 2001 年共出让土地 88.6 平方公里，获得 120 多亿元土地转让收入，吸引 800 多家中外资房地产公司和总量 400 多亿元的房地产开发资金，使大片旧城区和农地变成了城市建设用地，滚动开发了数十平方公里的繁荣城区。②

高耸的东方明珠广播电视塔、金茂大厦等陆家嘴地区的现代化建筑楼群给人以震撼性的视觉冲击，浦东新区超乎想象的发展速度也给人留下了难以磨灭的印象。这种展示效果是强烈的，各地各部门纷纷组织到上海考察、学习，向浦东取经。例如，1995 年年底到 1996 年年初，地矿部组织全国地矿厅局长会议，到上海市以及浦东新区、苏州市、昆山市、张家港市和江阴市进行参观学习。在闭幕会议上，地矿部的一名副部长指出，以浦东为龙头的长江三角洲的巨大变化给人的启示是“谋事在人，成事在

---

① 江泽民：《加快改革开放和现代化建设步伐，夺取有中国特色社会主义事业的更大胜利——在中国共产党第十四次全国代表大会上的报告》，《人民日报》，1992 年 10 月 21 日，第 1 版。

② 赵启正：《浦东逻辑》，上海三联书店 2007 年版，第 10 章。

为，只要有为，就能创造出奇迹”，要求“各单位要根据这次会议确立的大政方针，结合本单位的实际，提出贯彻落实这次会议精神和学习浦东、苏南经验的具体意见。并把传达、学习的情况和贯彻会议的具体意见写成材料，于元月底前报部，贯彻意见中要把 1996 年的工作具体安排好”；[①]另一名副部长在以《上海浦东和苏南经济发展的经验及给我们的启示》为题传达全国地矿厅局长会议精神大会的讲话中指出：“上海市按照‘动态平衡，积极平衡，内外平衡’，加快了城市基础设施的建设。从 1990 年启动以来，浦东新区的总投资约 1300 多亿元。具体说，浦东开辟了七个方面的筹资渠道。一是中央政策资金筹集 100 亿元；二是财政收入和土地批租收入筹集 100 亿元；……他们采取了‘财政空转，土地实转’的办法，财政并无实际投入，但促成了土地的资本化，启动了浦东的建设。目前，上海市又对浦西的国有企业采取这种办法，促使企业利用好土地这一资本”。[②] 随后，各地在 20 世纪 90 年代后期广泛模仿浦东的运作模式，大规模征地，以创造它们自己的城市奇迹（Huang，2008）。

---

① 张宏仁：《在全国地矿厅局长会议闭幕时的讲话》，载张宏仁主编：《迈向新世纪的脚步：'96 全国地矿厅局长会议集锦》，地质出版社 1996 年版，第 13—19 页。

② 陈洲其：《上海浦东和苏南经济发展的经验及给我们的启示——在传达全国地矿厅局长会议精神大会上的讲话》，载张宏仁主编：《迈向新世纪的脚步：'96 全国地矿厅局长会议集锦》，地质出版社 1996 年版，第 20—25 页。

3.3.5 房改与房地产业的"支柱"地位

地方政府的土地使用决策还与住房体制改革和房地产业被确立为"国民经济的支柱产业"的历史进程有关。房地产业成为"国民经济的支柱产业",房地产业在发展的同时政府还能获得大量的土地收入,为政府运用土地发展经济提供了一个重要条件。

我国的住房体制改革从改革开放之初就提上了议事日程,经过十几年的推动,一直踯躅不前。1990 年前后,国家体改委提出了 15 年内全部实行住宅商品化的住房改革方案。① 到 1996 年前后,为应对当时的经济不景气,1996 年 7 月朱镕基提出发展住宅建设有可能形成新的消费热点和新的经济增长点之后,该年年底李鹏在中央经济工作会议上进一步提出"加快普通居民住宅建设,可以带动许多产业发展,发展住宅建设是形成新的经济增长点的重要方面"。② 1998 年 3 月朱镕基在九届全国人大第一次会议上答中外记者问时指出:"住房的建设将要成为中国经济新的

---

① 《国家体改委提出 15 年内实现住宅商品化》,《复印报刊资料·体制改革》1991 年第 3 期,第 109 页。还可见《十五年内实现住宅商品化》,《浙江工商》1991 年第 6 期,第 31 页。

② 中国房地产及住宅研究会:《住房建设将成为新的消费热点和经济增长点》,载《中国房地产市场年鉴》编委会编:《中国房地产市场年鉴 1997》,中国计划出版社 1997 年版,第 459—473 页。

增长点，但是我们必须把现行的福利分房政策改为货币化、商品化的住房政策，让人民群众自己买房子。整个房改方案已酝酿三年多。我们准备今年下半年出台新的政策，停止福利分房，住房分配一律改为商品化。”①随后，国务院于 1998 年 7 月 3 日发出《关于进一步深化城镇住房制度改革加快住房建设的通知》，将“停止住房实物分配，逐步实行住房分配货币化；建立和完善以经济适用住房为主的多层次城镇住房供应体系；发展住房金融，培育和规范住房交易市场”定为深化城镇住房制度改革的目标。

在国家领导人提出把住宅建设作为新的经济增长点之后，理论界探讨了住宅建设是否够得上是新的消费热点、经济增长点以及“为什么只提住宅建设而不提房地产业”等问题。② 在 1997 年元月的全国住房制度改革工作会议上，朱镕基强调指出：“从全国来说，经济适用住房建设，将是今后长期带动国民经济发展的最重要的消费热点。大力推行住房商品化，发展经济适用住房建设，是振兴整个经济的一个重要途径和必然选择。……我讲的是住房，特别是和公积金结合的有一定资金渠道建的经

---

① 李舸、樊如钧：《九届全国人大一次会议举行记者招待会，朱镕基总理等答中外记者问》，《人民日报》，1998 年 3 月 20 日，第 1 版。

② 中国房地产及住宅研究会：《住房建设将成为新的消费热点和经济增长点》，载《中国房地产市场年鉴》编委会编：《中国房地产市场年鉴 1997》，中国计划出版社 1997 年版，第 459—473 页。

济适用住房，不是高级住宅，也不是写字楼。住房建设是振兴中国经济的一个主要的方向，符合市场需求变化的方向，可以带动几十个甚至上百个行业的发展”。[①] 1997 年 3 月，建设部部长侯捷在全国房地产工作座谈会上指出，从中央到地方，社会各界对住宅建设成为新的经济增长点和消费热点的必要性和可能性已由关注到达成共识。[②]

可能是由于人为的扭曲和放大作用，对政策的解读和执行从“经济适用住房”和“住宅建设”扩大到了“房地产业”。国务院房改领导小组办公室副主任姚运德和刘铁民为此还曾专门强调说，“一年多来，众多媒体把房地产作为新的经济增长点的宣传有误，国家作为新的经济增长点培育的不是房地产这个大概念，而是把经济适用住宅建设作为新的经济增长点，通过房改实现住房的商品化来解决经济增长点的问题”，[③]但已无济于事。之后，“新的经济增长点”在被说成了“国民经济的支柱产业之一”，之后又转成了“国民经济的支柱产业”，慢慢成了似乎板上钉钉、信手拈来的日常说法，并在 2003 年以“房地产业关联度高，带动力强，已经成为国民经济的支柱产业”的字样写进了由建设部起草的《国务院关于促

① 朱镕基：《关于住房制度改革问题》，载中共中央文献研究室编：《十四大以来重要文献选编》下，人民出版社 1999 年版，第 2249—2258 页。

② 新华社：《住宅建设成为新的经济增长点已成共识》，1997 年 3 月 12 日。

③ 《经济工作导刊》1997 年第 9 期，第 47 页。

进房地产市场持续健康发展的通知》。[①]

在这一过程中，伴随着城市化的进程，政府对房地产业的依赖程度越来越高。这可以从 2008 年、2009 年国际金融危机中各级政府五花八门的房地产“救市”政策措施、官员公开喊出“买房就是爱国”、“房地产商来我市投资，赚了算他们的，赔了算我们的！”等口号中看出。这背后除了官商关系的影响外，还因为房地产业发展而获得的土地出让收入及由土地开发带来的各项税费收入已成为政府的主要收入来源之一，成为政府能够进行城市建设维护、补贴工业用地的重要资金来源。

3.3.6　1998 年征地制度的转折

前面第 2 章指出，1998 年修改后的《土地管理法》在将征地的合法范围由宪法规定的“为了公共利益的需要”扩展到“城市建设需要占用农民集体所有的土地”和“城市外能源、交通、水利、矿山、军事设施等项目建设

---

① 在我国，房地产业是改革开放以后重新起步、需要补课的产业。为推动其发展，20 世纪 80 年代以后的研究大多从正面角度评价房地产业的地位和作用。房地产业的主管部门当然也愿意为房地产业戴上各种光环。例如早在 20 世纪 90 年代上半期《城市房地产管理法》的制定过程中，建设部副部长在 1994 年《城市房地产管理法（草案）》的说明中就强调“房地产业是经济发展的基础性、先导性产业，是国民经济的支柱产业之一”。见叶如棠：《关于〈中华人民共和国城市房地产管理法（草案）〉的说明——1994 年 5 月 5 日在第八届全国人民代表大会常务委员会第七次会议上》，《全国人民代表大会常务委员会公报》1994 年第 5 期，第 44—49 页。

占用集体土地的”的同时,规定是否征地、征多少地、怎么补偿和安置、补偿和安置标准等都由政府单方面决定,政府征地只需公告、不再需要与被征地单位签订协议,被征地方只能提供“意见”,农民对补偿标准有争议的也由征地方——政府来裁决,且“征地补偿、安置争议不影响征用土地方案的实施”,比包括计划经济时代在内的1949年以来的所有时期都要忽视集体土地产权和农民的财产权利。修订后的征地制度正好为胃口大开的地方政府提供了可以大展拳脚的条件。

3.4 地方政府是怎样经营土地的?

各地地方政府经营土地的手法是类似的:一方面,地方政府在以低价补偿强制从农村征来土地之后,按不同的用地类型,一手高价出让居住、商业用地获取巨额土地收入,一手低价出让工业用地以招商引资,并用从出让居住、商业用地中获得的土地收入补贴工业用地的低价出让;另一方面,地方政府用于城市建设和维护的收入很大一部分来自土地收入,而土地收入投入城市建设后使土地价格趋升,为地方政府获得更多的收入创造了条件,地方政府因势主动修改规划、扩大城市的规模,形成了“城市规划—土地开发—土地收入—城市建设”的循环。

“实用”的做法总是很容易得到扩散。一方面，土地经营做得好的官员因短期内GDP大幅上升、城市面貌得到改观而容易升迁，由镇级领导升到县区级领导，或由县区级领导升为地市级领导，或由地市级领导升到省部级领导，他便会把之前的重要经验、心得、做法在更大的行政区范围内进行推广；即使得不到太快的晋升，在官员异地任职、定期轮调、轮职交流制度下，从一个地方换到另一个辖区，他也把在原来职位上的那些重要经验、心得、做法在另一个地方推行；而与他相邻县市的领导、他的继任者也会揣摩他升迁的原因，模仿他的做法。另外，中国各级地方政府的领导人都很喜欢也很擅长自己总结或请其他人帮忙总结所谓的经验、模式，也愿意甚至渴望学习别人的经验、模式。于是，地方政府经营土地的做法就大面积地推开了。

3.4.1　土地财政

根据我国当前的税制，制造业税收的大部分要与中央分成，增值税的75%上解中央，25%留给地方；而由城市扩张和土地占用带来的税收，包括建筑业与房地产业的营业税、所得税和耕地占用税等则全部由地方占有。据国务院发展研究中心土地课题组（2005）的报告，中国目前的财政格局是“吃饭靠预算内收入，建设靠预算外收入”，而地方政府对城市扩张的热衷，其中一个主要原因在于城市扩张中的土地开发可使地方政府财政税收最大化。在经济发达地区,政府财政几乎就是“土地财政”,一方面,伴随城市扩张的房地产业和建筑业发展提供了地方财政预算内的支柱性收入,另一方面,土地出让金成了地方政府财政预算外收入的最主要来源,而与土地相关的收费则成为地方政府各部门改善福利的重要途径(国务院发展研究中心土地课题组,2005)。

通过土地经营,政府可以获得种类繁多的收入。这些收入至少包括土地供应收益(出让、租赁和以其他方式供地的收入)、直接税收(耕地占用税、契税、城镇土地使用税、土地增值税)、直接收费(耕地开垦费、新增建设用地有偿使用费等)、间接税收(由土地开发带来的建筑业税收和房地产业税收)、其他各种收费(土地部门征收的管理费、业务费、登报费、房屋拆迁费、折抵指标费、收回国有土地补偿费等,以及农、林、水、邮电、交通、文物、人防等部门的收费)。考虑到数据的可获得性,这里将讨论重点放在土地出让收入、直接税收和土地开发带来的建筑业税收和房地产业税收上。

首先,由于土地出让收入的统计不是十分规范,是否纳入政府预算在不同时期、不同地区的差异比较大,土地出让成交价款也不一定是政府出让土地的纯收益①,很难说财政收入中土地出让收入占多少,但我们仍可以从土地出让成交价款与财政收入的比较中,看出政府对土地出让收入

① 在《中国国土资源年鉴》中,国有土地供应出让的“纯收益”是从2003年起新增的指标,与“成交价款”同时列出,2002年及以前的指标是笼统的“收入”。

的倚重程度及其变化趋势。

如表3-1所示，全国土地有偿出让面积呈现稳步上升的态势，从2005年起，几乎每年的出让面积都超过了20万公顷，2010年更是达到了29.15万公顷。在土地出让成交价款上，1998年出让价款跨过了500亿元的大关，2001年跨过了千亿元的大关，2007年起连续3年超过1万亿元。受国际金融危机等因素的影响，2008年土地出让面积比2007年下降了16.2%，且底价成交和流拍的比例增多，土地出让成交价款比2007年有所下降，为10260亿元，相当于当年财政收入的16.7%。随着各种刺激政策的出台、经济形势的好转，2009年全国土地有偿出让面积恢复到超过20万公顷的水平，达到了22万多公顷，土地出让成交价款、土地出让成交价款与财政收入的比例数字均创新高，分别达到了1.718万亿元和25.1%。到了2010年，全国土地有偿出让面积、土地出让成交价款、土地出让成交价款与财政收入的比例数字都达到了历史最高水平，其中全国土地有偿出让面积达到了29.15万公顷；土地出让成交价款为2.71万亿元，比2009年增加了近1万亿元；土地出让成交价款相当于财政收入的32.6%，首次迈过30%的门槛。

另外，根据笔者2006年的调研，2001—2004年东部Z省的土地出让金收入累计达2058亿元，为同期财政收入的79.77%，在个别年份，如2004年，土地出让收入甚至超过了财政收入。另据城市化与土地制度改革课题组(2004)，在Z省的S县、J市、Y市，土地出让收入构成了预算外

表3-1 全国土地出让收入:1987—2010

年份	土地有偿出让面积(公顷)	土地出让成交价款(A)(亿元)	财政收入(B)(亿元)	A/B(%)
1987	15.73	0.35	2199.35	0.02
1988	389.08	4.16	2357.24	0.18
1989	625.22	4.47	2664.90	0.17
1990	948.2	10.5	2937.10	0.36
1991	1036.1	11.4	3149.48	0.36
1992	21890	525	3483.37	15.1
1993	57338	558	4348.95	12.8
1994	49432	639	5218.10	12.2
1995	43092	388	6242.20	6.21
1996	34048	349	7407.99	4.71
1997	45068	462	8651.14	5.34
1998	62058	508	9875.95	5.14
1999	45391	514	11444.08	4.49
2000	48633	596	13395.23	4.45
2001	90394	1296	16386.04	7.91
2002	124230	2417	18903.64	12.8
2003	193604	5421	21715.25	25.0
2004	181510	6412	26396.47	24.3
2005	165586	5884	31649.29	18.6
2006	233018	8078	38760.20	20.8
2007	234961	12217	51321.78	23.8
2008	165860	10260	61330.35	16.7
2009	220814	17180	68518.3	25.1
2010	291500	27100	83101.51	32.6

资料来源:土地方面,早期的数据参见张清勇(2009),1998—2009年的数据来自《中国国土资源年鉴》(1999—2010),2010年数据来自《2010中国国土资源公报》;财政数据来自《新中国55年统计汇编1949—2004》和《中国统计年鉴2011》。

收入的主体，2003年土地出让收入分别为预算外收入的69%、58%和60%。在成都，土地收益（扣除了征地成本和旧城改造拆迁安置成本）占财政收入的比重由2003年的13.5%上升至2007年的34.3%，2003—2007年土地收益合计占地方财政收入的27.4%。[①] 在重庆，2007年全市共收入房地产税费400.57亿元，其中契税、营业税、土地出让金和配套费分别为29、36.2、288和47.37亿元，合计相当于全市财政收入的50.8%。[②] 在镇一级，根据Krug等人2004年6月在江苏和浙江的访谈，土地出让金和土地转让费占M镇政府全部收入的32.23%，在L镇则高达53.56%；[③]台湾学者在浙江省的调研发现，K镇2001、2003和2004年的土地出让金收入分别为5334.19、7977和4379.8万元，分别是预算内收入的3.18、2.13和1.31倍，2002年的土地出让金收入为2050万元，也相当于预算内收入的97%。[④]

其次，是土地直接税收，这里我们主要考察城镇土地使用税、耕地占

---

① 《征地制度改革与统筹城乡财政收入调研》，成都市国土资源局深入学习实践科学发展观调研报告，2009，http://www.cdlr.gov.cn/gtzyj/htm/detail.aspx? id = 18662，2010年1月5日下载。

② 周慧兰：《住房改革的十年探索》，《21世纪经济报道》，2008年6月30日，第24版。

③ Krug, Barbara, Ze Zhu, and Hans Hendrischke, "China's Emerging Tax Regime: Devolution, Fiscal Federalism, or Tax Farming?", ERIM Report Series, Reference No. ERS-2004-113-ORG.

④ 黄骐弘：《中国大陆地方财政之研究：以乡镇政府为例》，国立政治大学硕士论文，2005年，表7。

用税和土地增值税3个税种。如表3-2,在2001年,全国城镇土地使用税、耕地占用税和土地增值税都是数额在100亿元以下的税种,三税合计只有100亿元出头;而2010年城镇土地使用税和土地增值税已经成为超过1000亿元的税种,2011年耕地占用税也超过了1000亿元。可以发现,2010年全国城镇土地使用税的数额是2001年的15倍,2011年全国耕地占用税和土地增值税的数额分别是2001年的28倍和200倍。

表3-2 全国三种土地间接税收:2001—2011

(单位:亿元)

年份	2001	2002	2003	2004	2005	2006
城镇土地使用税	66.2	76.8	91.6	106.2	137.3	176.8
耕地占用税	38.3	57.3	89.9	120.1	141.9	171.1
土地增值税	10.3	20.5	37.3	75.0	140.3	231.5
合计	114.8	154.7	218.8	301.4	419.5	579.4

年份	2007	2008	2009	2010	2011
城镇土地使用税	385.5	816.9	921.0	1004.0	/
耕地占用税	185.0	314.4	633.1	888.6	1072
土地增值税	403.1	537.4	719.6	1278.3	2063
合计	973.6	1668.7	2273.6	3170.9	/

资料来源:历年《中国统计年鉴》;《2011年公共财政收支情况》①。

另一大块与土地有关的收入是土地间接税收,主要包括土地开发带来的建筑业税收和房地产业税收。根据笔者2006年的调研,从2000年到2005年,Z省建筑业上缴税金由42.14亿元上升到了169亿元;2001年

① http://gks.mof.gov.cn/zhengfuxinxi/tongjishuju/201201/t20120120_624316.html,2012年2月下载。

至2005年,Z省建筑业利税总额达911.4亿元,合计上缴税金494.1亿元,占历年全省地税收入的14.7%至18.9%。在部分地市,建筑业的税收占当地财政收入的比重甚至达到了25%以上。房地产业方面,Z省2001年至2005年的房地产开发投资达5061.4亿元,占同期全社会固定资产投资的21%,2001年至2004年全省房地产业税收收入累计为372亿元。仅2004年,房地产税收收入就达到了164亿元,占税收总收入的9.68%,占地税收入的22.48%;其中,房地产业营业税收入为84亿元,房地产业企业所得税收入为61亿元。另外,房地产业契税收入达到59亿元。在Z省S县,据国务院发展研究中心土地课题组的调查,2002年、2003年由建筑业和房地产业创造的税收(合营业税和企业所得税)为20054万元和26875万元,占全县地税部门征收税收的20.9%和16.2%,也是地方税收中增幅最大的两大产业(国务院发展研究中心土地课题组,2005)。

笔者无法获得全国房地产业、建筑业税收更早年份的数据,因此只能根据《中国税务年鉴》从2001年起开始报告的数据来进行分析。如图3-2,从2001年到2009年,地方税收中的房地产业税收从428亿元增加到了3169亿元,建筑业税收从546亿元增加到了2228亿元。而且,两税在地方收入各税种中的地位越来越重要,增长速度快于其他税种,合计占地方税收的比例从2001年起,几乎是一路攀升,到2009年达到了33.2%。[①]

---

① 两税数额在2008年仍有所增加,但增幅比往年小,合计占地方税收的比例微降至29.5%。

据财政部税政司税源调查分析处的数据,2010 年全国房地产业和建筑业营业税收入又快速增长,同比分别增长了 32.4% 和 30.7%,房地产企业所得税同比增长了 50%。① 据此估计,2010 年房地产业和建筑业税收合计占地方税收的比例可能会接近甚至超过 40%。

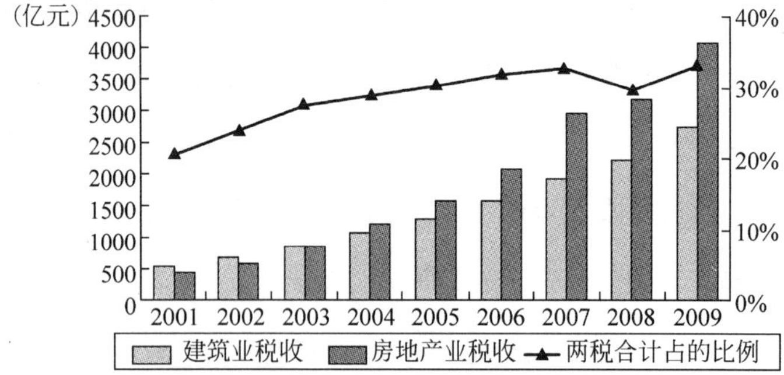

图 3-2 地方税收中的房地产业、建筑业税收:2001—2009

资料来源:《中国税务年鉴》(2002—2010)。

3.4.2 土地收入、土地融资与城市建设

改革之前,城市建设资金主要由中央政府下拨,地方政府只负担小部分的建设、维护资金。实行土地出让制度以来,因中央下拨的建设资金大幅减少,从土地开发中筹款已成为地方政府筹集城市建设资金的主要方

① 财政部税政司税源调查分析处:《2010 年税收收入增长的结构性分析》,《中国财政》2011 年第 4 期,第 77—80 页。

法(张庭伟,2002)。据Wu(2006)的计算,2004年土地转让费占中国基础设施投资的比例为20.92%。而上海在20世纪90年代的10年间通过土地批租共筹措资金1000多亿元,用于旧区改造等城市建设。①

根据建设部《中国城市建设统计年报》的统计口径,城市维护建设资金(财政性资金)收入包括中央财政拨款、省级财政拨款、市财政资金和其他财政资金四个方面,土地出让转让收入在近年计入市财政资金。据不完全统计数据,2001年全国用于城市维护建设的土地出让转让收入为167.385亿元,只占城市维护建设资金(财政性资金)收入的6.6%;到2010年,全国用于城市维护建设的土地出让转让收入达到了4071亿元,占城市维护建设资金(财政性资金)收入的比重大幅上升到了47.5%。另外,土地出让转让收入从2006年起计入市财政资金,当年用于城市维护建设的土地出让转让收入占市财政资金的比重为27.6%;到2010年,用于城市维护建设的土地出让转让收入占市财政资金的比重上升到了51.8%。如图3-3。

除了直接将土地出让收入用于城市维护建设外,各级地方政府还通过土地收购储备中心,抵押土地为城市建设筹集资金。例如,在预算内资金无法满足城市建设和大型基础设施投资的情况下,土地出让收入和土地融资支撑起了Z省城市建设的扩张。城市化与土地制度改革课题组

① 陈良宇:《上海现代化城市建设与投融资体制改革》,《浦东开发》2002年第4期,第9—10页。

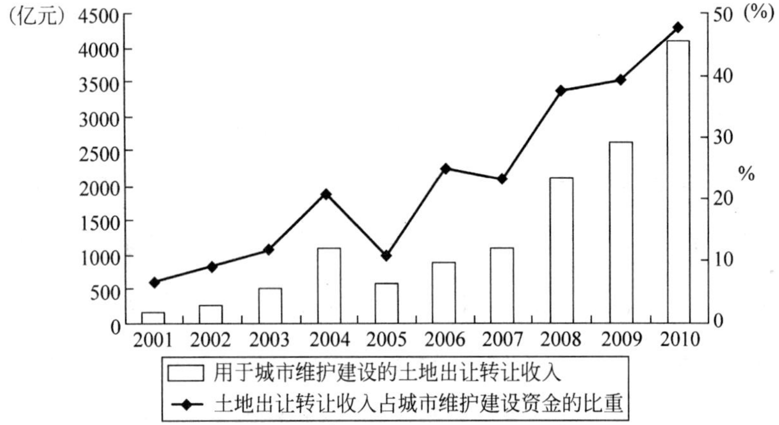

图3-3 土地转让收入与城市维护建设:2001—2010

资料来源:《城市建设统计年报》(2001—2010)。

(2004)指出,Z省S县新城每年的建设资金约60亿元,预算内仅能提供1至1.5亿元,而从1999—2003年土地出让收益投入城市建设资金的约有40亿元;2003年S县基础设施投资60亿,其中预算内资金1.59亿元,政府性基金0.89亿元,土地出让金收益19.2亿元,土地融资达38.32亿元;在J市,1999—2003年投资基础设施233.27亿元,其中财政投入30亿元,土地出让金33.27亿元,其余主要靠土地融资,达170亿元。

另外,各种形式的土地滚动开发是地方政府进行城市维护建设的重要策略。冯兴元(2002)在对山西省古交市的调查报告描述了政府通过土地滚动开发为城市道路建设、科技开发园区基础设施融资的做法。Po(2001)详细论述了南京"以地补路"进行旧城改造、基础设施融资的策略。

而政府的土地收入与城市建设又有着相互强化的可能性。政府出让土地获取土地收入之后投入到城市建设和维护，地价可以随着城市建设水平的改善而上升，推动下一轮土地收入的增长。因此，对于政府来说，用于基础设施等的城市建设投资可算是一种很好的投资方式（Wu，1999）。这种土地收入与城市扩张、土地开发相互强化的关系，部分解释了世纪之交以来各地大力推进的城市扩张热潮。

由于通过城市建设、开发土地，地方政府可以获得包括土地出让收入、与土地开发相关的税费在内的大量收入，20 世纪末、新世纪以来，各级地方政府有意识地大拆大建，大力推进城市扩张。而为了让“城市规划—土地开发—土地收入—城市建设”的链条循环运转起来，许多地方的县努力争取升级为县级市，目的之一就是可以得到更多的土地开发指标并能留存更大比例的土地出让收入（Fan et al.，2009）。根据城市化与土地制度改革课题组（2004）的调查，与之前自发为主的城市化不同，1998 年以来 Z 省的城市化表现出明显的政府主导特征。刘守英、蒋省三（2005）的调查发现，政府不断修订城市规划，如 S 县和 Y 市 1998 年以来进行了 3 次城市规划修编，将城市规划面积扩大了 30—40km^2。具体做法有：（1）征新地。1988 年 Y 市建市时只有 11.05km^2，2004 年扩展为 50km^2。（2）划新区。J 市 2001 年撤县建区，市区面积由 293km^2 猛增到 2045km^2。（3）建新城。S 县 2000 年从老城搬到 1km^2 的开发区，2004 年新城面积已达 23km^2,配备面积达 38km^2,城市规划控制面积达 100km^2。据 Z 省规划部门统计,2004 年,全省 33 个县级市以上城市的在建面积为 1509km^2。而从 1998 年到 2004 年,Z 省的城市建设用地面积从 722.83km^2 猛增加到了 1572.94km^2,增长了 117.6%。

3.4.3 招商引资竞争与廉价工业用地

由于资本缺乏,各地都把吸引投资作为提升本地产业结构、发展当地经济的重要手段。周黎安(2004)指出,各地政府级级下达任务、层层下压指标,招商引资成了各地各级政府“一把手”工程,甚至一些省市的主要媒体还定期播出下级政府和开发区招商引资的排行榜。① 而 1994 年的分税制改革使地方政府丧失了很多自主权,迫使地方政府为了保持和提升本地的引资竞争力,更多地运用制度外财政竞争,包括擅自减免税、变相的税收先征后返以及有意放松税收征管力度等,但又由于财力限制,地方政府开始更多地利用土地优惠政策进行引资(郭庆旺、贾俊雪,2006)。在中央政府所设置的局限条件下,中国地方政府以财政手段竞争投资的空间

---

① 因地方政府分多级,上级还会对下加指标,如政绩考核中“招商若是零,一切等于零;项目若是零,一切等于零”,完不成任务的乡镇、部门要“集体起立、抽掉板凳、重新组合、竞争上岗”等。见孙彬、姜涛:《引资引来财政负担,招商为何招来“百姓怨”》,《半月谈》2004 年第 17 期。

很有限,土地反而成了地方政府争夺外资的关键性工具(Oman,2000)。于是,在"招商引资高于一切"的口号下,出现了"优惠政策跟着土地走"的现象。在每个地方都有招商引资热望的情况下,省与省、市与市、县与县、乡与乡之间竞争激烈,而工业用地价格也一降再降,零地价、负地价的报道屡见不鲜。[①] 不仅如此,低地价招商引资有成效后,外来资金的涌入和落地生根帮着地方政府提高了城市建设的速度,地方政府便可以通过干净整洁的开发区、鳞次栉比的现代化厂房等"能够看得见"的城市建设成就来显示政绩。

东部S省SG市领导动员招商引资的讲话(摘录)[②]

必须坚定不移地做到"加快发展压倒一切,工业立市高于一切,招商引资重于一切"。抓发展抓不住工业,就是抓不住关键,抓工业抓不住招商引资,就是不得要领。要进一步强化三种观

① 近年来对省、市、县、乡各级政府以土地招商引资的调查研究,有郑江淮等:《国际制造业资本转移:动因、技术学习与政策导向》,《管理世界》2004年第11期;周卫峰等:《开发区基础设施投资与招商引资》,《学海》2005年第1期;杨友仁等:《快速工业化下的中国大陆区域治理》,《中国大陆研究》2004年第3期;方孝谦:《中共农村改革试验下的河北三镇》,《中国大陆研究》1998年第7期。

② 资料来源:《LKQ同志在全市招商引资奖惩兑现暨外经贸工作会议上的讲话》(2002年8月1日),载中共SG市委党史研究室编:《中国共产党SG市历史资料(2002—2)》,SG一中印刷厂2003年版,第96—104页。

念：一是进一步强化"以招商引资论英雄"的观念。我们与先进地区、与兄弟县市的差距，差就差在招商引资上，差就差在外贸出口上，差就差在经济的外向度上。当前，必须把抓招商引资、抓投入作为第一要务，不遗余力地抓紧抓好。今天会上，宣读了兑现"三挂钩一追究"制度情况的通报，对超额完成半年招商引资任务的11个财政拨款单位，按比例增拨办公经费，最高的经费翻番。对未完成半年任务的25个单位，按比例对上半年办公经费予以扣减，15个招商引资为"零"的单位，上半年经费全额追扣。年终兑现时，完不成全年任务的单位，不但要扣经费，还要扣单位全体干部职工年终一个月的奖励工资。二是进一步强化"留住外商就是政策，让外商赚钱就是环境"的观念。外商来投资，是为了赚钱，怎样把来SG的留住，把去外地的争过来？还是我们经常说的三句话："你发财，我发展"，"只求所在，不求所有"，"什么是政策？留住外商就是政策"。特别是土地征用，是招商引资的重头戏，是留住外商的关键。前段在WQ度假村项目建设中，开发区的同志们全力靠上，YQS村的干部群众顾全大局，仅用了18天就完成了征地拆迁工作。在SC商住小区拆迁中，CL村的干部群众积极配合，仅用9天时间就完成了拆迁。BL特钢工业园建设中，BL镇个别村的个别人聚众闹事，执法部门给予了坚决打击。城建、规划、国土部门要对全市的土地价格从严控制，对不按规定擅自抬高地价的，要给予处罚,停办所有手续。……引来一个项目不容易,今年市委、市政府在招商引资、投入和外贸出口上已经把可用的财力都用上了,甚至把今后几年的税收收入也让给了外商。为了把项目留住,我们还给了外商税收返还、财政贴息等各项优惠。可以说,市财政的新增财力基本都用在了招商引资上。如果哪一个部门,哪一个单位还抱住自己的小利益不放,向政府要政策,要补贴,就是破坏招商引资大环境,就是没有大局观念,就是对工作不负责任。

园区建设要有新突破。……在土地和基础设施建设上要多动脑筋,搞市场化运作。土地可以征用,可以租赁,也可以采取入股的形式解决。征地和租赁资金可以一次付清,可以分期付清,可以等项目投产后,从形成的地方财政收入中按一定比例返还给村,也可以先由企业垫支或贷款解决,项目投产有税收后从税收中逐年返还;可以划出一片土地让外商投资搞园中园,进行二次招商。

……市委、市政府的态度很坚决,任务没完成的,该扣经费的坚决扣经费,该通报到上级主管部门的坚决通报。任务完成好的,该奖的坚决奖,在招商引资、优化环境上做出了突出贡献的要重奖。人事局在企业评议部门中连续三次排名第一,市委、市政府决定给予记集体三等功奖励,并奖励现金两万元。对在评议中连续三次排在后面的部门,该诫免的诫免,该亮黄牌的坚决亮黄牌,该采取组织措施的采取组织措施,不给任何照顾。

与地方政府热衷于通过招标、拍卖、挂牌等方式从住宅、商业用地出让中获得大量收入不同的是，工业用地大多是以协议方式低价出让的。如图3-4，工矿仓储用地出让面积中协议出让的比例远远高于商服用地和住宅用地——工矿仓储用地出让面积中协议出让的比例一直在95%以上，2006年为96.8%，而商服用地和住宅用地出让面积中协议出让的比例连年下降，分别从2003年的50.2%和40.8%下降到了2006年的24.9%和16.1%。另据原中国土地勘测规划院副院长周建春在2007年中国工业地产高层峰会上的介绍，绝大多数工业用地有偿出让是通过协议出让的，且工业用地的出让价格普遍低于成本。①

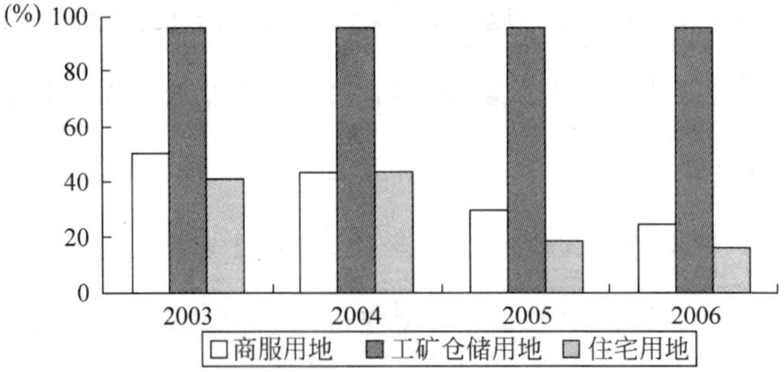

图3-4　三类用地出让面积中协议出让的比例：2003—2006

资料来源：《中国国土资源年鉴》（2003—2007）。

① 郑淼：《工业用地告别低价时代》，《中华工商时报》，2007年3月12日，第2版。

2006 年 9 月的《国务院关于加强土地调控有关问题的通知》要求工业用地必须采用招拍挂方式出让，不得低于公布的最低价标准。2006 年 12 月国土资源部发布《全国工业用地出让最低价标准》，要求工业用地必须采用招拍挂方式出让，其出让底价和成交价格均不得低于所在地土地等别相对应的最低价标准。但是，据《中国国土资源报》的报道，2007 年前三季度我国重点城市（主要是直辖市和省会城市）工业用地出让信息跟踪调查数据显示，到 2007 年 9 月，全国工业用地招拍挂出让面积仅占同期工业用地出让总面积的 14.2%，招拍挂三种出让方式中，以挂牌方式出让的宗地占 80% 以上，出让价格往往等于或略高于最低价标准，存在以挂牌为名行协议之实的问题，且个别地区仍以协议出让为主，出让价格低于最低价标准。①

政府以协议或变相协议的方式出让工业用地是一种政府定价行为。由于招商引资的激烈竞争以及地方财力对工业用地实行补贴的实力和力度不一，与东、中、西部的经济发展水平相比，工业用地价格在区域分布上呈现出十分反常的状况。如表 3－3，2006 年国土资源部工业地价评估及分析研讨会上披露的资料显示，根据对全国 23 个重点城市 123 个工业园区的调查，东部地区园区工业用地的平均交易价格为 310 元/平方米，低于中部（383 元/平方米）和西部地区（330 元/平方米）。

---

① 王光磊：《工业用地招拍挂：各地执行得咋样了？》，《中国国土资源报》，2007 年 12 月 4 日，第 5 版。

表3-3 东中西部工业用地的平均交易价格和平均成本

地区	工业用地的平均交易价格	新增工业用地的平均成本
东部	310元/平方米	463元/平方米
中部	383元/平方米	325元/平方米
西部	330元/平方米	268元/平方米

资料来源:《工业地价评估及分析研讨会总结分析报告》,国土资源部,2006年9月,转引自乔富华:《工业用地价格的区域差异对区域经济发展的影响》,载张丽君、刘云喜主编:《中国民族地区经济社会发展与公共管理研究生论文集》,中央民族大学出版社2008年版,第449—457页。

2007年审计署调查北京、天津、上海、重庆、哈尔滨、合肥、济南、长沙、广州、南宁和成都11个市2004至2006年国有土地使用权出让金的征收、管理、使用及相关政策执行情况,发现天津、长沙、南宁、成都、哈尔滨、上海、合肥、广州和济南9个城市违规减免、变相减免出让金47.88亿元,其中以先征后返、为用地单位缴纳出让金以及降低地价出让等方式变相减免出让金25.34亿元,个别城市还为招商引资向企业"零地价"出让工业用地。①

3.4.4 经营性用地收入和财政对工业用地的补贴

在出让工业用地之前,政府需要支付一定的开发成本,包括征地费用

① 中华人民共和国审计署办公厅:《国有土地使用权出让金审计调查结果》,《中华人民共和国审计署审计结果公告》2008年第4号,http://www.audit.gov.cn/n1057/n1072/n1282/1589058.html,2009年12月1日下载。

和开发费用等。如前所述，在引资策略或压力下，工业用地的协议出让价格往往远低于成本，甚至出现零地价或负地价。这就需要政府用财政收入或经营性用地收入予以补贴。而这种做法似乎全国通行，不费劲便可找到近年来各省、市、县、乡政府、部门正式颁布的大量诸如意见、“十一五”规划、通知、投资指南等的详细资料。

例如，辽宁省辽阳市国土局局长指出：“实现以地块招商的根本目的。要充分运用价格机制调控土地，调整我市基准地价，从拉动全市经济发展角度，适当提高商业、住宅用地的价格，降低工业用地价格。”①杭州市可开发用地有限，面临“无地招商”的尴尬，却在2002年制定新一轮基准地价时将基准地价下调30%，又规定将土地出让金的级差地租和大市政配套费的50%及国有土地租赁费的50%返还相关区政府，由区政府全额用于补贴园区的基础设施配套建设。② 山东省对外贸易经济合作厅副厅长介绍经验时指出：“德州开发区推出土地使用有偿出让转让制度，采取经营的办法，获取商住土地利润增值，补贴工业用地，保证建设需求。”③

在许多地方，地方政府通过发布规定、意见、决定、规划等正式的政府文件，设立专门的“工业用地成本调节资金”、“‘以商补工’土地专项资

① 巴在仁：《盘活国有存量土地，为辽阳经济建设服务》，载辽宁省土地学会主编：《土地资源与社会和谐发展研究》，辽宁人民出版社2006年版，第9—14页。

② 黄丹：《“合理突破”，巧解工业用地瓶颈》，《浙江经济报》2002年8月19日。

③ 阎兆万：《改革开放三十年山东经济园区成就与展望》，载吕在模主编：《1978—2008山东外经贸成就与展望》，山东友谊出版社2008年版，第22—30页。

金”或“工业用地地价成本调节资金”，把用经营性房地产项目土地出让金补贴工业用地的做法制度化了。例如，在福建，《福建省人民政府关于保障工业发展用地促进经济发展的若干意见》要求“建立工业用地地价成本补贴机制。各市、县(区)政府每年从经营性房地产项目土地出让金收入中，按不少于5%的比例提取工业用地成本调节资金，设立专户管理，专项用于调节降低工业园区工业项目用地的地价。省国土资源厅会同省财政厅定期检查工业用地成本调节资金落实情况，不按规定提取工业用地成本调节资金并补贴到位的市、县(区)，在下一年度不予享受缓交新增建设用地有偿使用费省级留成部分和土地整理新增耕地置换政策”；①《福建省人民政府关于推进工业项目建设加快产业集聚的若干意见》指出：“努力降低工业用地成本，各市、县(区)政府每年要从经营性房地产项目土地出让金收入中，按不少于5%的比例提取工业用地成本调节资金，设立专户管理，专项用于调节降低工业项目用地的地价”；②漳平市“建立‘以商补工’土地专项资金，把商业用地中开发增值部分的20%划入专项

---

① 《福建省人民政府关于保障工业发展用地促进经济发展的若干意见》(闽政[2003]6号)，载福建省企业调查队编：《福建企业年鉴2003》，中国统计出版社2003年版，第368—369页。

② 《福建省人民政府关于推进工业项目建设加快产业集聚的若干意见》(闽政[2005]19号)，载福建省对外经贸经济合作厅编：《福建省对外经贸年鉴2006》，福建省地图出版社2006年版，第69—72页。

资金账户，专门用于补贴园区工业用地开发”；[①]《龙岩市促进投资与企业发展的规定》规定“建立工业用地地价成本补贴机制。从经营性房地产项目土地出让金净收入中按不少于20%的比例提取工业用地成本调节资金，并设立专户管理，专项用于补贴工业园区内调节降低工业项目用地的地价。”[②]

在四川，《四川省人民政府关于保障工业用地促进经济发展的若干意见》规定：“五、建立工业用地地价成本补贴机制和实行多样化的供地方式，降低工业项目用地成本。工业园区土地收益要全部用于工业用地地价成本调节补贴和基础设施建设。市、县每年从经营性用地土地出让金等收入中，按不少于5%的比例提取工业用地地价成本调节资金，设立专户管理，专项用于调节补贴工业项目用地的地价成本。对不足部分，有条件的市、县应从综合财力中调剂安排。省国土资源厅会同省财政厅定期检查工业用地的地价成本调节资金落实情况”；[③]《四川省工业优势产业整合与发展规划（2005—2010年）》规定“建立工业园区（工业集中区）工

---

① 房玉兰、吕洪荣、李清标：《山坡地畅想曲》，载海峡资源报社编：《山野采撷——〈海峡资源报〉优秀作品选：1987.9—2007.9》，福建省地图出版社2007年版，第186—192页。

② 《龙岩市促进投资与企业发展的规定》（龙政综［2004］386号），载龙岩市地方志编纂委员会编：《龙岩年鉴2005》，方志出版社2006年版，第343—345页。

③ 《四川省人民政府关于保障工业用地促进经济发展的若干意见》（川府发［2003］28号），载四川省经济委员会编：《四川工业年鉴2004》，成都时代出版社2005年版，第52—55页。

业用地成本补贴制度，对符合《工业园区（工业集中区）整合与发展规划》和各地投资强度要求的工业项目，可从工业用地地价成本调节资金中予以补贴”。[①] 在广西，《关于加快县域经济发展的决定》要求“实行工业用地地价补贴办法，允许各地从经营性项目用地出让纯收益中，按5%的比例提取工业用地成本调节资金，专项用于工业区项目用地地价补贴”。[②] 云南省保山市在《关于加快推进新型工业化进程的决定》中提出“建立工业项目的地价成本补贴机制，市、县区政府每年从经营性房地产项目土地出让金收入中，按不少于5%的比例提取工业用地成本调节资金，专项用于调节降低工业园区工业项目用地的地价”。[③]

而且，不同地方之间还相互学习、借鉴。例如，在2004年9月由长株潭经济研究会、长沙国家高新区管委会、湖南省社会科学院主办的第三届长株潭经济论坛上，为加强长株潭招商引资和园区建设，湖南商务厅的一位工作人员就建议学习江苏昆山招商引资和园区建设的经验，“工业用地可贴本给外商，工业用地的补贴通过商业用地的拍卖补偿，从总体上做到

---

① 《中共四川省委办公厅四川省人民政府办公厅关于印发〈四川省工业优势产业整合与发展规划（2005—2010年）〉的通知》（川委办[2005]33号），载四川省经济委员会编：《四川工业年鉴2006》，四川科学技术出版社2006年版，第23—47页。

② 《中共广西壮族自治区党委自治区人民政府关于加快县域经济发展的决定》（桂发[2004]19号），载刘福刚、孟宪江主编：《中国县域经济年鉴2004》，社会科学文献出版社2005年版，第269—274页。

③ 《中共保山市委保山市人民政府关于加快推进新型工业化进程的决定》，载中共保山市委党史地方志委员会编：《保山年鉴2005》，云南美术出版社2005年版，第353—356页。

政府不贴钱”。[①] 安徽省社科院在他们撰写的送阅件里建议从各方面给汽车零部件生产企业更多的政策优惠和更高的引进政策，指出“在这点上江西做的比我们好，他们对房地产企业和商贸企业实行高地价、多抽税的政策，用来补贴工业用地，工业企业用地价格一度甚至为零。目前江西工业用地每亩价格一般在 5 万—6 万元，而安徽则高达 20 多万一亩”。[②] 各地命名“工业用地成本调节资金”、“‘以商补工’土地专项资金”或“工业用地地价成本调节资金”时的高度相似，可能也是相互学习、借鉴的结果。

3.5　地方政府经营土地的操作工具

3.5.1　操作工具 1：通过土地收购储备获取土地收益

20 世纪 90 年代中期以后，土地收购储备制度在全国各地逐步建立。最初，政府主要是想通过收购或收回破产或效益不高的国有企业的划拨

① 姜衡舒：《解放思想，敢为人先，加快长株潭园区建设》，载张萍主编：《产业集群与园区建设：第三届长株潭经济论坛》，国防科技大学出版社 2005 年版，第 76—81 页。

② 王可侠：《宏观调控下的安徽汽车制造业发展思路》，载韦伟主编：《与省长谈安徽发展Ⅲ》，合肥工业大学出版社 2005 年版，第 85—94 页。

土地，盘活闲置、低效利用的土地，解决下岗职工的生计和出路，推动国有企业改制，但后来却偏离了盘活城市存量土地的初衷，入储的土地主要是通过行政手段征来的土地，再通过招拍挂市场化出让，土地储备成了政府土地收益最大化的重要工具（刘守英、蒋省三，2003）。以在全国率先建立土地收购储备制度的杭州市为例，杭州市土地储备中心的工作范围已从收购单宗企业土地转向成片改造、综合开发：1997—2000 年收购的 5111 亩土地绝大部分是企业和指挥部的单宗存量土地，而 2004 年运作的 7218 亩土地基本上是成片开发的旧城改造和征地拆迁项目，企业存量土地只有一宗，面积为 81 亩，面积仅占 1.1%。①

率先建立收购储备制度的城市在运作土地、获得大量收益上的示范作用以及上级的大力推动，是土地收购储备制度在全国较快铺开的重要原因。1999 年 6 月国土资源部以内部通报的形式转发了《杭州市土地收购储备实施办法》和《青岛市人民政府关于建立土地储备制度的通知》，向全国推广杭州和青岛的经验（杨遴杰等，2005）。国务院 2001 年 4 月 30 日《关于加强国有土地资产管理的通知》指出："为增强政府对土地市场的调控能力，有条件的地方政府要对建设用地试行收购储备制度。市、县人民政府可划出部分土地收益用于收购土地，金融机构要依法提供信贷

① 张晓明：《抒写土地储备新篇章——转型期土地储备发展方向的思考》，《土地储备》（电子杂志），2005 年 12 月 19 日，中国土地整理网，http://www.lcrc.org.cn/publish/portal0/tab99/info2211.htm，2009 年 11 月 23 日下载。

支持。”根据国土资源部的调查结果,如图3-5,全国土地收购储备机构的数目增长极快:从1996年全国只有一家增加到了2003年年底的1600家。另据统计,2005年年初全国有土地收购储备机构1700余家,到2006年年中达到了2000家左右,中东部地区八成以上的土地主管部门成立了土地储备机构,西部地区也达到了六成。① 笔者2009年年底从国家土地整理中心获取的最新统计数据显示,目前全国共有土地储备机构2400多个,其中事业单位性质的有2300多个,隶属于国土资源部门的约2000个,除直辖市外,内蒙古、海南、黑龙江、宁夏还建立了省级土地储备机构。

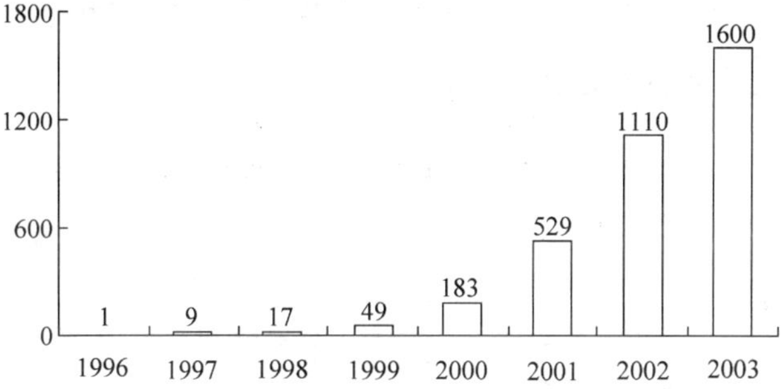

图3-5　全国土地储备机构数:1996—2003

数据来源:杨遴杰等(2005)。

① 《一月大事(2005.1.16—2005.2.15)》,《中国土地》2005年第3期,第44页;刘振国:《土地储备事业面临新的突破:杭州土地储备和交易管理制度建设研讨会综述》,《中国国土资源报》,2006年7月4日,第5版。

刘守英、蒋省三(2003)指出,政府储备土地的目的变成了追求土地收益最大化,而以土地抵押融资成了土地储备机构的基本功能。据调查,负责土地储备的机构有由地方政府主要领导人牵头、由财政局或土地局直接负责的土地储备中心,有各类园区管委会,也有政府控股的投资公司。城市化与土地制度改革课题组(2004)在东部Z省的调研发现,S县的开发区、政府性公司、储备中心通过土地使用权抵押获得了大量资金(表3-4);2003年,J市(包括其所辖市县)的园区开发贷款和土地储备中心依靠储备土地进行的抵押贷款余额合计为57.18亿元,远超当年的地方财政收入;2004年9月,Y市园区开发贷款余额为14.54亿元,也大大超过了上年度的地方财政收入。

表3-4　S县2003—2004年土地使用权抵押登记情况表

(单位:亩、万元)

年份	开发区		政府性公司		储备中心	
	面积	金额	面积	金额	面积	金额
2003	237.54	26886.27	417.47	32453.3	1842.53	94318
2004	309.89	8350	451.48	28000	1435.24	120158

数据来源:城市化与土地制度改革课题组(2004)。

据中国人民银行统计,我国各级政府土地储备机构的贷款余额迅速增加,从2003年年底的560.17亿元上升到2007年年底的2309.45亿元。如图3-6。到2009年年末,甘肃省政府土地储备机构贷款余额13.88亿元，是上年的2.64倍。① 江苏省政府土地储备机构2009年8月新增贷款30亿元，2009年1—8月增加了316亿元，同比增幅高达93%。② 与甘肃、江苏相比，北京市政府土地储备机构贷款的增长速度更是惊人，截至2009年10月末，北京市政府土地储备机构贷款余额为1208.1亿元，比上年同期增长了25倍；比年初增加了1145.2亿元，是上年新增量的101.3倍。③

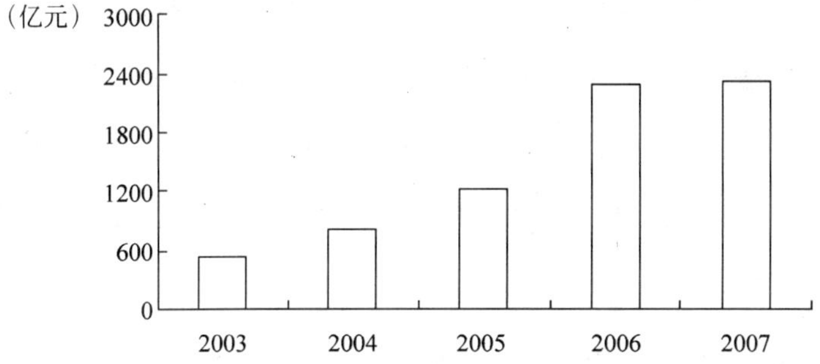

图3-6　政府土地储备机构贷款余额：2003—2007

数据来源：中国人民银行研究局房地产金融分析小组：《中国房地产金融报告2004》，中国金融出版社2006年版，第13页；中国人民银行研究局和金融市场司房地产金融联合分析小组：《中国房地产金融报告2005》，中国金融出版社2007年版，第14页；中国人民银行金融市场司房地产金融分析小组：《中国房地产金融报告2006》，中国金融出版社2007年版，第13页；中国人民银行金融市场司房地产金融分析小组：《中国房地产金融报告2007》，中国金融出版社2008年版，第13页。

---

① 贾笑云：《2009年甘肃金融形势稳中有升，存款增量突破千亿》，中国金融网，2010年1月23日发布，http://active.zgjrw.com/News/2010123/website/917798454600.html，2010年2月15日下载。

② 刘晓童：《8月江苏信贷投向样本：制造业、基建贷款一升一降，暗藏经济复苏玄机》，《21世纪经济报道》，2009年9月21日，第10版。

③ 慈冰、张旻：《房价调控轮回》，《财经》2010年第2期，第92—96页。

政府依靠土地收购储备机构进行融资带来了不小的风险。一般来说，土地储备机构自有资金都比较少，但由于有政府背景，金融机构对它们的放贷十分宽松，使土地储备机构的贷款总量迅速扩张。根据中国人民银行对山东、河南两省土地储备机构的调查，149 家土地储备机构的自有资金总额仅为 21.41 亿元，其中 37 家自有资金为 0，73 家机构每户自有资金不足 500 万元；2003 年 11 月底两省 149 家储备机构的贷款余额为其自有资金的 7.9 倍；山东省土地储备机构的贷款余额在不到三年的时间里增长了 47 倍；郑州、淄博、南阳、烟台等地的 37 家土地储备机构贷款 5.43 亿元，自有资金却为 0。① 这种情况在 N 市也存在。2001 年年初，N 市城市土地收购储备资金中属于市财政拨付的注册资金为 0.5 亿元，储备机构自身的安排调度资金为 2.5 亿元，银行授信贷款为 13.2 亿元，所占比重分别为 3.09%、15.43%、81.48%。② 另外，国家审计署 2007 年对北京等 11 个市及其所辖 28 个县（市、区）2004 年至 2006 年国有土地使用权出让金的征收、管理、使用及相关政策执行情况的审计调查发现，有的土地储备贷款抵押物不实，有的土地储备机构贷款金额过大而还贷能力不足，还有一些城市的土地储备机构将主要以贷款方式取得的土地储备

---

① 中国人民银行：《对山东、河南两省土地储备机构信贷支持情况的调查》，载中国人民银行办公厅编：《中国人民银行信息文选：2002—2004 年度》，中国财政经济出版社 2005 年版，第 35—38 页。

② 王惠民：《用土地经营城市——土地收购储备理论与实践》，《中国土地》2001 年第 9 期，第 26—28 页。

资金共 142.36 亿元用于股权投资、出借和市政设施建设等。① 这些做法无疑加大了政府的财政风险和银行的金融风险。

3.5.2　操作工具 2：通过开发区实施工业用地价格补贴

开发区是地方政府实施工业用地价格补贴的重要场所。根据国家审计署对上海、天津、江苏、浙江、江西和四川 6 个省（市）所属 87 个开发区 2003 年至 2005 年 6 月财政税收政策执行情况的调查，为招商引资，87 个开发区中有 60 个违规低价出让土地 7873 万平方米，少收土地出让金 55.65 亿元，一些地方甚至在国务院明令禁止低价出让土地的情况下，采取先按国家规定签订土地出让合同再返还土地出让金或者给予财政补贴等手段，变相低价出让土地，导致一些企业恶意圈占、倒卖土地。②

2006 年国土资源部工业地价评估及分析研讨会上披露的资料显示，根据对全国 23 个重点城市 124 个新增工业用地项目的调查，东、中、西部城市开发区新增工业用地的平均价格为 183、264 和 265 元/平方米，而对

---

① 中华人民共和国审计署办公厅：《国有土地使用权出让金审计调查结果》，《中华人民共和国审计署审计结果公告》2008 年第 4 号，http://www.audit.gov.cn/n1057/n1072/n1282/1589058.html，2009 年 12 月 1 日下载。

② 李金华：《关于 2005 年度中央预算执行的审计工作报告》，《中华人民共和国全国人民代表大会常务委员会公报》2006 年第 6 期，第 492—503 页。

应的新增工业用地的成本平均分别为463、325和268元/平方米。[①] 从中可以看出，东部地区开发区的新增工业用地每平方米要补贴280元，中部和西部则为每平方米61元和3元；东部地区对开发区新增工业用地的补贴最多，中部次之，西部最少。

为了给招商引资提供载体，各级地方政府大规模圈地、建开发区，以致20世纪90年代以来，“开发区热”反复出现，中央屡次被动地以非常规的运动式清理整顿以及休克性的冻结非农业建设项目占用耕地或暂停审批农用地转非农建设用地作为应对措施，但收效甚微。1992—1993年第一次开发区清理整顿前，全国有开发区8700余个，规划面积15000km^2，实际开发307km^2。[②] 对此，国务院1992、1993年连续发出《关于严格制止乱占、滥用耕地的紧急通知》、《关于严禁开发区和城镇建设占用耕地撂荒的通知》和《国务院关于严格审批和认真清理各类开发区的通知》，拉开了第一轮开发区治理整顿的序幕。经过初期清理，到1993年8月，根据国务院特区办公室的汇总材料，仅辽宁、河北、山东、江苏、浙江、福建、广东、广西等七省一区，各类开发区从原有的1200多个减少到200多个，规划

① 《工业地价评估及分析研讨会总结分析报告》，国土资源部，2006年9月，转引自乔富华：《工业用地价格的区域差异对区域经济发展的影响》，载张丽君、刘云喜主编：《中国民族地区经济社会发展与公共管理研究生论文集》，中央民族大学出版社2008年版，第449—457页。

② 李红：《我国开发区布局及土地利用现状分析与研究》，《中国土地科学》1998年第3期，第9—12页。

面积从7500多平方公里减少到1600平方公里。①

不过，第一次开发区清理整顿的风头稍稍过去之后，根据国家土地管理局汇总的非农业建设用地清查资料，到1997年第二次开发区清理整顿前的1996年年底，全国又有了各类开发区4210个，规划占地1853.5万亩，实际占地348.3万亩（其中耕地157.651亩），其中经国务院和省级人民政府批准的有1128个，省级以下擅自设立的3082个。② 对此，中共中央、国务院发出《关于进一步加强土地管理切实保护耕地的通知》，做出冻结非农业建设项目占用耕地的决定，国家土地管理局印发《关于冻结非农业建设项目占用耕地的通告》，国家土地管理局和国家计委联合发布《冻结非农业建设项目占用耕地规定》，决定自1997年4月15日至1998年4月14日在全国范围内冻结非农业建设项目占用耕地一年。③ 一年将至，中共中央办公厅、国务院办公厅1998年3月29日又发出《关于继续冻结非农业建设项目占用耕地的通知》，决定自1998年4月15日起至《中华人民共和国土地管理法》修改后颁布施行之前，继续冻结非农业建设项目占用耕地。④

---

① 姜军：《沿海七省一区认真清理开发区，各类开发区数量和规划面积分别减少了四分之三以上》，《人民日报》，1993年8月12日，第1版。

② 李元主编：《新土地管理法学习读本》，中国大地出版社1998年版，第6—7页。

③ 《中华人民共和国国务院公报》1997年第22期，第1009—1013页。

④ 中央办公厅法规室、中共中央纪委法规室、中央组织部办公厅编：《中国共产党党内法规选编：1996—2000》，法律出版社2001年版，第517—518页。

可是，好景不长，“有些地方也出现了不顾实际条件，盲目设立和扩建名目繁多的各类开发区，造成大量圈占耕地和违法出让、转让国有土地的现象，严重损害了农民利益和国家利益”，2003 年以来国家又进行了新一轮的开发区治理整顿。国务院办公厅 2003 年 7 月 18 日和 30 日先后发出《关于暂停审批各类开发区的紧急通知》、《关于清理整顿各类开发区加强建设用地管理的通知》，11 月 3 日国务院发出《关于加大工作力度进一步治理整顿土地市场秩序的紧急通知》；2004 年，国务院办公厅 4 月 29 日发出《关于深入开展土地市场治理整顿严格土地管理的紧急通知》，要求“集中半年左右的时间，继续深入开展土地市场治理整顿”，“治理整顿期间，全国暂停审批农用地转非农建设用地”、“暂停涉及基本农田保护区调整的各类规划修改”、“对新批的县改市（区）和乡改镇，要暂停修改涉及土地利用的各类规划”。① 2004 年 10 月 21 日，国务院又印发《关于深化改革严格土地管理的决定》。根据中央的这一系列部署，2003 年 7 月以后，中央有关部门对全国各类开发区进行了全面清理整顿，“经过多次大规模督导，实施阶段性检查验收”，甚至细到“落实四至范围，设置界桩”，到 2006 年 12 月底，全国开发区的数量由 6866 家减少到 1568 家，减少了 77.2%，规划面积由 3.86 万平方公里压缩到 9949 平方公里，减少

① 中国法制出版社编：《最新土地法律政策全书》，中国法制出版社 2006 年版，第 58—60 页。

了 74.0%。[1]

但是,"上有政策、下有对策",开发区数量减少、规划面积压缩的背后有多少是实情,是值得提出疑问的。西部某省级机关的年轻干部郭语实在某县挂职任副县长期间,正逢 2003 年的开发区治理整顿,就见证了治理整顿的"重大成效"。[2] 而且,根据国家发改委、国土资源部和建设部的报告,"随着开发区清理整顿工作告一段落,又出现了新的情况、新的问题,一些地方又开始以'生态园'、'旅游度假区'、'工业基地'、'工业走廊'等名义,擅自进行以土地成片开发和转让为特征的开发区建设,或自行扩大开发区面积,新一轮开发区热又在兴起"。[3]

我的挂职副县长生涯(摘录)[4]

中央要求清理整顿经济开发区,保护耕地。省上也下发了通知,要求撤销除国务院和省级人民政府批准设立的经济技术开发

---

① 《国家发展和改革委员会、国土资源部、建设部关于全国各类开发区清理整顿工作总结报告(摘要)》,载国家发展和改革委员会国外资金利用司编:《中国开发区审核公告目录:2006 年版》,中国计划出版社 2007 年版,第 158—164 页。

② 郭语实:《我的挂职副县长生涯》,《南方周末》,2004 年 12 月 2 日,第 A3 版。

③ 《国家发展和改革委员会、国土资源部、建设部关于全国各类开发区清理整顿工作总结报告(摘要)》,载国家发展和改革委员会国外资金利用司编:《中国开发区审核公告目录 2006 年版》,中国计划出版社 2007 年版,第 158—164 页。

④ 郭语实:《我的挂职副县长生涯》,《南方周末》,2004 年 12 月 2 日,第 A3 版。

区之外的各类开发区。县上的开发区也属于撤销之列。

文件到了后,县长说先放下,看看其他地方是怎么做的。过了一段时间,眼看到了最后的期限,必须要研究了,政府常务会才研究这一问题。

国土局汇报说,县上有一个地区批准设立的经济技术开发区,有五个工业园区,另外还有三个乡镇自己设立的经济技术开发区。按照规定这些开发区都应该撤销。县长说,不能撤销,撤销了用什么做载体招商引资?哪来土地和优惠政策?省上对我们明确挂牌的县经济技术开发区盯得比较紧,我们可以考虑缩小开发区面积,也可以考虑更换开发区的牌子和名称。对其他几个省上盯得不紧的,先放着。

会议要求县国土局要积极做好省、地国土部门的工作,不管采取什么措施,都要保证县上的开发区不能被撤销。否则,拿国土局长是问。

会后,国土局千方百计做工作,最终实现了政府常务会的决定。

3.6 政府经营土地的行为可持续吗?

20世纪90年代中后期以来各地的土地经营行为得益于现行土地制度,在经济增长中扮演了重要的角色,成为工业化和城市化的助推器(蒋省三等,2007)。但是,这种土地经营行为及其带来的工业化、城市化和经济增长是不可持续的。

第一,地方政府严重依赖于与土地开发有关的各项收入,且主要依赖征收农地而来的新增建设用地,与存量土地相比,数量不易预期①,也不易纳入预算和规范管理。受总体经济状况、宏观政策、土地市场等因素的影响,与土地开发有关的收入容易表现出较大的波动性,地方政府的财政收入状况就会比较脆弱,易受外部冲击的影响而体现出不稳定的情形。例如,2008年土地出让面积比2007年下降了16.2%,土地出让成交价款为10260亿元,比2007年下降了近2000亿元,占当年财政收入的比例从2007年的23.8%下降到了16.7%;而到2010年,全国土地出让成交价款为2.71万亿元,比2009年增加了近1万亿元,土地出让成交价款相当于财政收入的32.6%。但是,大多数财政支出项目是硬性的,能增不能减,易增不易减,若与土地开发有关的收入出现了较大波动,怎么办?

第二,土地出让收入几乎是一次性的收入。将当期卖地所得全部用于本年度、本届政府的经常性支出,可能会使当期的支出过度膨胀,造成今后必须减支的压力。一些国家和地区认识到,由于资源的不可再生性,过度开采、出售并消费资源带来的财政收入会导致短期内支出膨胀,未来

① 2010年地方政府性基金本级收入中,国有土地使用权出让收入(包括国有土地使用权出让金收入、国有土地收益基金收入、农业土地开发资金收入和新增建设用地有偿使用费收入)为29109.94亿元,完成预算的213.2%。见财政部:《关于2010年中央和地方预算执行情况与2011年中央和地方预算草案的报告——2011年3月5日在第十一届全国人民代表大会第四次会议上》,《中国财政》2011年第8期,第8—18页。

资源枯竭时便会出现财政收入大量减少、赤字大量增加、财政状况不可持续的危机，因此必须将一部分不可再生资源带来的财政收入积累起来，为未来的支出建立基金，挪威、委内瑞拉、科威特、阿曼、尼日利亚、智利、巴布亚新几内亚、美国和加拿大的若干州等，都建立了以包括石油、天然气、铜矿和其他国有资产等“不可再生资源”为基础的基金（马骏，2001）。

第三，如前文提供的资料显示的，通过土地收购储备获取土地收益是地方政府经营土地的一大工具，政府储备土地以追求土地收益最大化及抵押土地融资为目标，土地抵押融资成了土地储备机构的基本功能。但土地收购储备中心依靠其政府背景，自有资金少，贷款总量却迅速扩张，贷款金额过大而还贷能力不足，有的还将资金用于投资，加大了政府的财政风险和银行的金融风险。

第四，在土地经营中，为了使其“一手以高价出让居住、商业用地获取巨额土地收入，一手低价出让工业用地以招商引资，并用从出让居住、商业用地中获得的土地收入补贴工业用地的低价出让”的“资产组合”能够运行起来，地方政府按其理解的“充分运用价格机制调控土地”、“适当提高商业、住宅用地的价格，降低工业用地价格”，故意减少居住、商业用地的供应量，制造出土地稀缺的假象，通过招标、拍卖、挂牌抬高了居住、商业用地的价格，导致住房价格、商业房地产价格的攀升，降低了广大居民的住房支付能力，使原本就存在的住房问题进一步恶化，也可能导致城市营商环境、城市竞争力的下降。而且，政府开设土地市场、进行土地经营活动,人为地提高居住和商业用地的价格,或故意降低工业用地的价格,方便了设租、寻租,极易滋生腐败。

第五,也是最重要的,政府的这种土地经营行为是不应该存在的。政府用于"资产组合"的土地,不管是补贴给外商的工业用地,还是用招拍挂方式出让的居住、商业用地,大多是以"公共利益"的名义、用行政力量低价从农村征收来的。很明显,这种所谓的"公共利益"是不能成立的,以征收方式低价把土地从农民那里拿走,歧视集体土地产权和农民的财产权利,把农民排除在之后的经济发展活动之外,如杜润生先生说的,"是对农民的一种剥夺"。20 世纪 90 年代中后期政府的土地经营行为兴起后,征地的规模超出了以往的任何时期,激化了政府与农民之间、开发商与农民之间的矛盾,各地因征地引起的大规模冲突、集体上访、群体性事件频频发生,以征地纠纷为主的农村土地纠纷成了农民维权抗争活动的焦点,成为影响农村社会稳定和发展的首要问题。

3.7　结论

本章探讨的是地方政府通过土地运作实现招商引资、城市建设资金筹集的土地经营行为。这种行为内生于 20 世纪八九十年代的土地使用制度改革、分税制财政体制改革、住房体制改革以及1998年《土地管理法》修订等一系列改革。这些改革与地方政府通过经济发展和城市建设显示政绩的目标相结合,共同塑造了地方政府经营土地的行为。

具体来说,地方政府的主要做法是:一方面,在低价强制征收农村土地之后,一手以高价出让居住、商业用地获取巨额土地收入,一手低价出让工业用地以招商引资,并用从出让居住、商业用地中获得的土地收入补贴工业用地的低价出让;另一方面,用于城市建设和维护的收入很大一部分来自于与土地和与土地开发相关的收入,而土地收入投入城市建设后使土地价格趋升,为地方政府获得更多的收入创造了条件,地方政府便主动通过规划来扩大城市的规模,形成了"城市规划—土地开发—土地收入—城市建设"的循环。而通过土地收购储备获取土地收益、通过开发区实施工业用地价格补贴是地方政府土地经营的两大工具。

在过去十余年间,地方政府的土地经营行为有力地推进了工业化和城市化,在经济增长中扮演了重要角色。但是,这种严重依赖低价征收土地、进行土地的"资产组合"的工业化、城市化及经济增长方式具有严重的可持续问题。2007年6月,胡锦涛提出了"转变经济发展方式"的思路①,之后中共十七大报告指出"加快转变经济发展方式,推动产业结构优化升级"是"关系国民经济全局紧迫而重大的战略任务",做出了加快转变经

① 胡锦涛:《坚定不移走中国特色社会主义伟大道路 为夺取全面建设小康社会新胜利而奋斗》,《人民日报》,2007年6月26日。

济发展方式的要求[①]。按照这一思路,地方政府应改变其依赖土地发展经济的做法。地方政府发展地方经济的热情可以理解,但发展经济的方式方法不能走向广大人民的对立面、以人民的权利和利益为代价。试想,经济发展的目的是什么?如果经济的发展是以损害包括农民在内的广大人民的权利和利益为代价的,要那样的经济发展做什么?

政府一手以低价工业用地招商引资、一手出让经营性用地筹集城市建设资金的行为有待模型化。地方政府的土地经营行为对城市扩张、经济增长的具体影响,也是值得进一步深入研究的。

① 胡锦涛:《高举中国特色社会主义伟大旗帜 为夺取全面建设小康社会新胜利而奋斗》,《人民日报》,2007年10月25日。

第4章　集体土地与农村工业化：东莞的案例

农村改革中，我们完全没有预料到的最大的收获，就是乡镇企业发展起来了，突然冒出搞多种行业，搞商品经济，搞各种小型企业，异军突起。这不是我们中央的功绩。乡镇企业每年都是百分之二十几的增长率，持续了几年，一直到现在还是这样。乡镇企业的发展，主要是工业，还包括其他行业，解决了占农村剩余劳动力百分之五十的人的出路问题。农民不往城市跑，而是建设大批小型新型乡镇。如果说在这个问题上中央有点功绩的话，就是中央制定的搞活政策是对头的。这个政策取得了这样好的效果，使我们知道我们做了一件非常好的事情。这是我个人没有预料到的，许多同志也没有预料到，是突然冒出这样一个效果。①

——邓小平

① 邓小平：《邓小平文选》第三卷，人民出版社1993年版，第238页。

4.1　问题的提出

改革开放以后,中国的乡镇企业在设备简陋、技术陈旧、资金匮乏、原材料短缺、人员素质低下以及产供销主要依靠市场调节的困难条件下取得了巨大成就,被称为"中国农民创造的农村经济发展的第二个奇迹",且较之第一个奇迹——全国粮食总产在经过长期徘徊之后突破 4000 亿公斤,"意义更为重大,更为深远"(郭书田等,1986);乡镇企业的发展既是中国农村的产业革命,又导致了整个农村经济体制的重要创新——可以与农业中的家庭承包责任制相提并论的制度创新(黄少安,1999)。

如第 1 章的文献综述指出的,已有的文献梳理了"集体土地—乡村工业发展—中国经济的转轨与增长"的大致脉络。但是,村庄是如何通过集体土地流转、通过土地来撬动本地农村工业化和经济发展的,目前仍鲜见有具体、细致的案例分析。本章尝试以广东省东莞市为例,通过对凤岗镇雁田村和寮步镇横坑村的案例分析,探讨村庄在改革开放的大环境下,如何利用历史延续下来的集体土地制度,通过自发的用地制度创新,实现了农村的工业化进程,推动了地方经济的发展。从中可以看到,从 20 世纪 70 年代末、80 年代初起,以凤岗镇雁田村为代表的第一批村庄进入了依靠集体土地进行资本积累的集中期,90 年代初中期正是以寮步镇横坑村为典型的第二批村庄学习第一批村庄的经验、奋起直追的时候,而 21 世纪初则到了一些后进的村庄依托土地撬动经济发展的新时期。对这一问题的把握,将有助于理解农村集体土地流转普遍存在的现象及其对农村工业化、经济增长的贡献,也有助于增进对当前有关法律法规修订的原因和修法方向的思考。

笔者选择位于珠江三角洲的东莞市作为研究对象。东莞市自改革开放以来,工业化和经济迅猛发展,被称为“世界工厂”,有“东莞塞车,全球缺货”的说法。其中,富有特色的是,东莞的村甚至村小组在招商引资、工业化和经济发展中发挥了重大的作用,而村、村小组又正好是法定集体土地的所有者,两重身份的叠加使东莞的土地制度、土地使用表现出了很不一样的状况——作为集体土地的开发者,村以土地转让、土地开发或兴建厂房的形式与企业合作,在推动经济发展、塑造东莞的经济发展模式的同时,也通过收取土地转让费、地租、厂租、土地管理费等途径壮大了集体经济、提高了广大村民的收入。2007 年东莞市农村集体物业出租及相关收入占总收入的 73.6%;村、组两级集体净资产为 821.2 亿元,其中历年土地使用权流转收益形成的资产约 456 亿元。① 2006 年东莞农村村(居)民

① 林汝辉:《东莞市转型期农村集体资产管理研究》,载林举英主编:《中共中央党校在职研究生(东莞班)论文集》,中共东莞市委党校 2008 年版,第 24—47 页。

有出租房屋150万栋（套），每年大约有100多亿元的出租收入。[1] 2008年东莞市农业局的报告指出，在农民人均纯收入中，来自集体直接分配的收入为3104元，占26.7%；来自因集体经济发展聚集人口而带来的租金收入为4100元，占35.3%；来自集体经济组织和其他企业的工资收入为3978元，占34.3%。[2]

为了能够深入、细致地了解东莞村庄的土地利用及其与工业化、经济发展的关系，笔者走进村庄，探究农民、村集体领导、市和镇政府等各方扮演的角色，从中探讨东莞市集体土地流转的经验以及集体土地在东莞市经济发展中所起的作用。通过查阅文献，笔者初步划出了已有较多报道或研究基础的村庄，阅读这些村庄的资料，从中挑选出能够代表不同发展阶段的村庄进行实地调研。最终选定的是从20世纪80年代初就大力发展工业的凤岗镇雁田村以及从20世纪90年代以后才开始走上工业化道路的寮步镇横坑村。除了这两个村庄，笔者还尽量收集东莞市志及东莞下辖镇村的镇志、村志、村庄发展史等资料。2009年10月，笔者在北京与东莞市国土局到中国人民大学参加高级研修班的学员进行了交流；2009年11月到东莞实地调研，在镇国土分局访谈，到市图书馆的镇分馆阅读

---

① 中共东莞市委党校：《东莞改革开放辞典》，广东人民出版社2008年版，第74页。

② 东莞市农业局：《积极推进农村集体经济转型升级》，载王道平主编：《东莞30年：一个沿海开放地区建设中国特色社会主义的成功实践》，广东人民出版社2008年版，第325—332页。

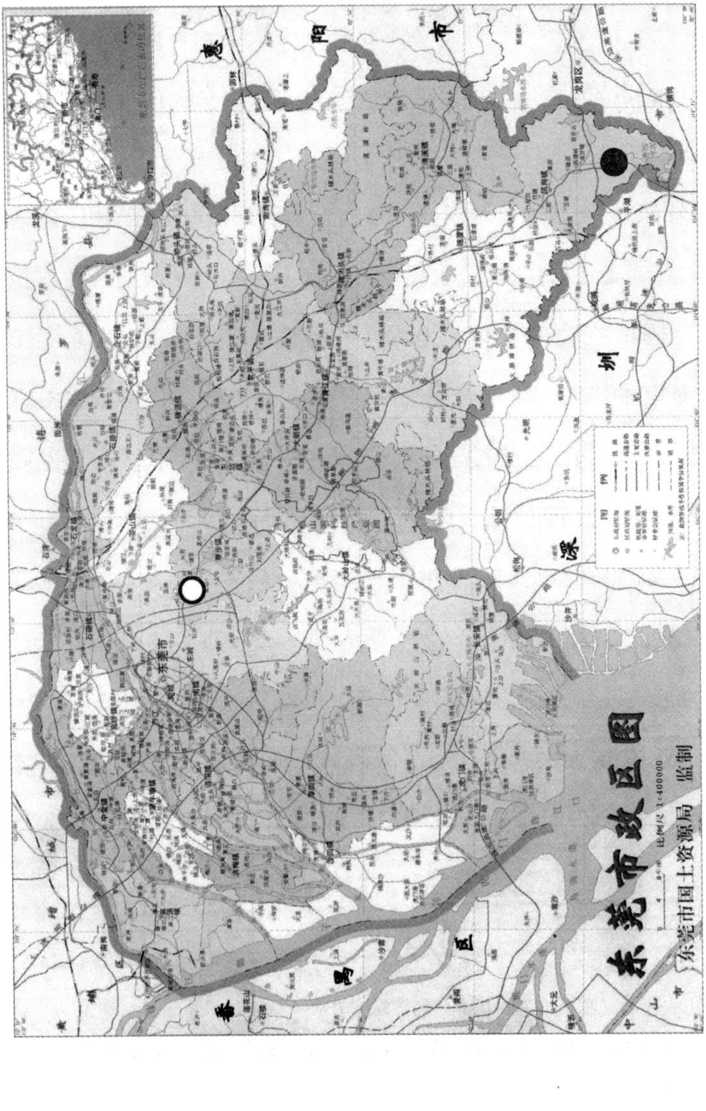

● 凤岗镇雁田村 ○ 寮步镇横坑村

图 4-1 凤岗镇雁田村和寮步镇横坑村的位置

地方文献，在村里与当地的干部、村民交谈，并从村史办、村志办和村镇建设办公室收集相关的资料。图 4 -1 是实地调研的两个村庄——凤岗镇雁田村和寮步镇横坑村所处的位置。

4.2　集体土地非农建设的背景

4.2.1　乡镇企业与集体土地非农建设

农村集体土地用于非农建设、乡镇企业的建设，大致可追溯到计划经济时代的农村社队企业用地。到 1978 年，全国已有社队企业 152.4 万个，就业人数 2826.6 万人，拥有固定资产 229.5 亿元，而据粗略估计，所占用的集体建设用地约 133 万公顷。[①] 之前，集体土地虽然名义上属于集体所有，但集体没有完全的土地经营权和收益权，集体土地严禁出租和买卖。集体建设用地实行集体所有、集体统一经营，所有者与使用者之间并没有在经济上分开，集体建设用地的流动完全依靠行政权力进行划拨和平调。

① 郑振源：《郑振源土地利用文集》，中国大地出版社 2007 年版，第 311 页。

改革开放之初，全国各地春潮涌动，人民群众的积极性和创造性得到了激发，各种自发的制度创新不断涌现。在土地使用制度上，著名的有70年代末安徽凤阳小岗村的包产到户，80年代初浙江温州苍南县龙港镇的农民集资、有偿使用土地、建起首座农民城。在作为对外开放前沿的广东，广州1979年最早探索出了“广州出地、港商出资、合作开发、共享收益”的模式，以“地皮”为条件和开发企业合作，以场地使用权作为出资兴办中外合资企业或向中外合资企业收取场地使用费；在东莞，农民自发地利用集体的仓库、影院、村办公室和祠堂、礼堂、食堂来承接来料加工，走出了集体建设用地流转的第一步。

当然，这种现象并非东莞独有，改革开放后全国各地兴起的乡镇企业绝大多数都使用了集体土地。20世纪80年代中期，中国和世界银行的研究人员在江苏、安徽、广东和江西进行了乡镇企业的联合调查。根据采集到的数据，威廉·博德、朱宁计算发现，按土地的来源，所有乡镇企业样本中，有59%来自社区政府（在获得土地的过程中地方社区政府作为中介，企业使用土地却不支付费用，土地的获得与招收本地居民联系在一起），26%为购买（包括计入股份之中的土地捐助），12%是租用，其他的占3%。而所有样本企业的厂长都把地方社区政府提供的行政保护以及比较容易得到土地作为自己的企业待在当地的主要理由。① 到90年代初，

① 威廉·博德、朱宁：《市场影响和工业结构》，载林青松、威廉·博德主编：《中国农村工业：结构、发展与改革》，经济科学出版社1989年版，第103—141页。

据有关方面测算,农村土地的市场价格约为3500元/亩。而利用对200家乡镇工业企业的调查,杜鹰根据用地情况的调查结果指出,每个企业创办时平均占地24.976亩,支付的地价仅为258.8元/亩,连市价的十分之一都不到。[①] 周其仁等对10省200家大型乡镇工业企业的调查也发现乡镇企业多以划拨等形式无偿或以较低代价获得土地(如表4-1)。陈剑波探讨乡镇企业创办中的“企业—政府”交易,发现所调查的200家乡镇企业创办时,平均用地23.97亩,其中由乡(镇)、村划拨的有9.89亩,占41.26%;由县和县以上政府征地的有2.15亩,占8.97%;无偿占用、经主管部门批准的4.82亩,占20.1%。[②] 随着乡镇企业的发展,乡镇企业的用地量也急剧增加。据统计,1978年乡村工业用地估计约为15.7万公顷,到1985年增加到了56.3万公顷,比1978年扩大了2.6倍。1985年至1995年间,乡村集体企业共占用耕地75.07万公顷。[③]

---

① 杜鹰:《乡镇企业的政策环境、形态特征与制度创新》,载林青松、杜鹰主编:《中国工业改革与效率》,山东人民出版社1997年版,第305—340页。

② 陈剑波:《乡镇工业企业资源配置效率》,载林青松、杜鹰主编:《中国工业改革与效率》,山东人民出版社1997年版,第366—409页。

③ 周建春:《集体建设用地使用改革制度》,载黄小虎主编:《新时期中国土地管理研究》,当代中国出版社2006年版,第185—232页。

表4-1 10省200家大型乡镇工业企业创办时的占地方式、数额和代价

占地方式	数额(亩)	代价(元/亩)
乡、村划拨	10.2	252.04
县和县以上政府征地	6.96	无偿
企业买地	5.39	282.77
社区农民以承包土地入股	0.33	年租金7.56
企业租赁土地	0.52	年租金26.17
农民以土地带劳入厂	1.00	无偿
其他	0.57	不详

资料来源:周其仁、邱继成、胡庄君:《乡镇企业信用的制度基础——10省200家大型乡镇工业企业调查的政策性分析报告之二》(1987),载李国都编:《发展研究:〈发展研究通讯〉1986—1989年集》,北京师范学院出版社1990年版,第482—511页。

4.2.2 集体土地非农建设的法律规定

20世纪70年代末、80年代初乡镇企业的兴起,最早使用的是农村原有的存量用房。随着乡镇企业规模的扩张,原有的存量用房便不够用,于是乡镇企业不知不觉、自然而然地使用了更多的农村集体土地。于今回顾,那是最早的农村集体建设用地流转了。从历史事件发生的先后顺序看,20世纪70年代末、80年代的乡镇企业异军突起和农村集体土地流转,远早于相关土地法律法规的颁布和国家土地主管部门的成立。农民自行将本村的农地转用于兴办乡镇企业的时候,既没有专门的土地主管部门也没有相关法律法规对这类行为进行管理（蒋省三、刘守英，2006）。1982 年以前，生产队办企业只需调整社员的承包地即可，而公社、大队办企业也只需调整生产队的土地，或者吸收生产队若干劳动力，支付少量地上物补偿费，或者承建一些公益项目即可，无需报县审批；1982 年国务院发布的《村镇建房用地管理条例》只规定农民建住宅和办社队企业的用地限额和报县以上主管机关审批的程序，国务院直管的国家土地管理局则到 1986 年才成立，1988 年年底全国才初步建成五级土地管理网络。①

1986 年的《土地管理法》确认了农民自用集体建设用地的事实，规定"乡（镇）村企业建设需要使用土地的，必须持县级以上地方人民政府批准的设计任务书或者其他批准文件，向县级人民政府土地管理部门提出申请，按照省、自治区、直辖市规定的批准权限，由县级以上地方人民政府批准"。另外，1982 年的《国家建设征用土地条例》规定，全民所有制企业、城镇集体所有制企业同农村社队联合投资建设的项目，需要使用集体所有的土地的，按照国家建设征用土地的规定办理。1986 年制定《土地管理法》时，根据全国人大法律委员会副主任委员宋汝棼的报告，"有些地方和部门提出，上述规定管得过死，为了适应横向经济联合的需要，应当规定得灵活一些"，改为"全民所有制企业、城市集体所有制企业同农业集体经济组织共同投资举办的联营企业，需要使用集体所有的土地的，必须

① 周建春：《集体建设用地使用改革制度》，载黄小虎主编：《新时期中国土地管理研究》，当代中国出版社 2006 年版，第 185—232 页。

持国务院主管部门或者县级以上地方人民政府按照国家基本建设程序批准的设计任务书或者其他批准文件，向县级以上地方人民政府土地管理部门提出申请，按照国家建设征用土地的批准权限，经县级以上人民政府批准；经批准使用的土地，可以按照国家建设征用土地的规定实行征用，也可以由农业集体经济组织按照协议将土地的使用权作为联营条件"。① 《土地管理法》通过以后，全国人大常委会法制工作委员会负责人就有关问题回答新华社记者的提问时指出："这样规定，一方面体现了从严管理土地的精神，这种联营企业用地同国家建设用地一样，项目必须列入计划，用地必须经过批准。另一方面，又有一定的灵活性，这种联营企业经批准使用的土地，可以按照国家建设征用土地的规定实行征用；也可以不改变土地的所有权，由农业集体经济组织按照协议将土地的使用权作为联营条件，不收取土地补偿费和安置补助费。"②

1988 年 4 月 12 日七届全国人大第一次会议通过《中华人民共和国宪法修正案》，规定"土地的使用权可以依照法律的规定转让"。据此，除延续 1986 年《土地管理法》中有关乡村建设用地的条款外，1988 年 12 月 29

---

① 宋汝棼：《全国人大法律委员会对〈中华人民共和国土地法（草案）〉审议结果的报告——1986 年 6 月 16 日在第六届全国人民代表大会常务委员会第十六次会议上》，载江平主编：《中华人民共和国法律全释：入世修订版（第 12 册）》，中国民主法制出版社 2002 年版，第 309—311 页。

② 新华社：《运用法律手段从严管理土地——全国人大常委会法制委员会负责人就土地管理法有关问题答记者问》，《人民日报》，1986 年 6 月 28 日，第 2 版。

日七届全国人大第五次会议通过了《全国人民代表大会常务委员会关于修改〈中华人民共和国土地管理法〉的决定》,在新修改的《土地管理法》中增加了"国有土地和集体所有的土地的使用权可以依法转让。土地使用权转让的具体办法,由国务院另行规定"的条款。1992年11月4日《国务院关于发展房地产业若干问题的通知》指出,"农村集体经济组织以集体所有的土地资产作价入股,兴办外商投资企业和内联乡镇企业,须经县级人民政府批准,但集体土地股份不得转让"。①

1998年第二次修订后的《土地管理法》第四十三条规定"任何单位和个人进行建设,需要使用土地的,必须依法申请使用国有土地;但是,兴办乡镇企业和村民建设住宅经依法批准使用本集体经济组织农民集体所有的土地的,或者乡(镇)村公共设施和公益事业建设经依法批准使用农民集体所有的土地的除外",第六十条规定"农村集体经济组织使用乡(镇)土地利用总体规划确定的建设用地兴办企业或者与其他单位、个人以土地使用权入股、联营等形式共同举办企业的,应当持有关批准文件,向县级以上地方人民政府土地行政主管部门提出申请,按照省、自治区、直辖市规定的批准权限,由县级以上地方人民政府批准;其中,涉及占用农用地的,依照本法第四十四条的规定办理审批手续",第六十三条规定"农民集体所有的土地的使用权不得出让、转让或者出租用于非农业建设;但

---

① 《国务院关于发展房地产业若干问题的通知》,载《中国房地产市场年鉴》编辑部编:《中国房地产市场年鉴1996》,中国计划出版社1996年版,第582—584页。

是，符合土地利用总体规划并依法取得建设用地的企业，因破产、兼并等情形致使土地使用权依法发生转移的除外”。而且，由于修法过程中“有的常委委员提出，农民集体所有的土地的建设用地使用权，修订草案初步修改稿第五十八条已经规定可以在一定的范围内依法转让，为了有效地保护这种用地的使用者的合法权益，应当核发该使用权的证书”，新《土地管理法》增加了“农民集体所有的土地依法用于非农业建设的，由县级人民政府登记造册，核发证书，确认建设用地使用权”的条款。①

所以，在改革开放之前，社队企业用地主要靠行政权力进行划拨和平调。改革开放之后，相关的法律法规也没有完全限制农村集体利用自己的土地进行非农建设。相反，1986 年的《土地管理法》确认了农民自用集体建设用地的事实，1988 年的宪法规定土地的使用权可以依法转让，1988 年第一次修改的《土地管理法》明确规定集体所有的土地的使用权可以依法转让。1998 年第二次修改的《土地管理法》在对集体建设用地的使用和管理进行严格限制的同时，也为农民集体将农地转为集体建设用地留出了一点空间。

另外，广东也采取了比较灵活的措施。例如，国务院《城镇国有土地使用权出让和转让暂行条例》(1990 年第 55 号令)和《外商投资开发经营

① 李伯勇：《全国人大法律委员会关于〈中华人民共和国土地管理法(修订草案)〉审议结果的报告——1998 年 8 月 24 日在第九届全国人民代表大会常务委员会第四次会议上》，《全国人民代表大会常务委员会公报》1998 年第 4 期，第 369—374 页。

成片土地暂行管理办法》(1990年第56号令)颁布施行后,广东省国土厅于1991年5月3日提出《关于进一步贯彻执行国务院55号和56号令的报告》,指出"一些集体或国营单位直接向外商出让土地或擅自转让土地使用权",要求"农村集体经济组织、乡(镇)政府(包括管理区)、房地产开发公司以及国营工矿、农林企事业单位均不得直接出让土地使用权",报请广东省人民政府批准实施。对此,广东省人民政府1991年8月5日在《批转省国土厅关于进一步贯彻执行国务院55号和56号令的报告的通知》中只说"同意省国土厅《关于进一步贯彻执行国务院55号和56号令的报告》",请各地"结合本地情况认真执行"。[①]

4.3　东莞的制度创新

1978年7月15日,国务院发出《关于颁发〈开展对外加工装配业务试行办法〉的通知》,当时的东莞县政府就意识到来料加工是发展外向型工

---

① 《广东省人民政府批转省国土厅关于进一步贯彻执行国务院55号和56号令的报告的通知》,载《广东地政地产年鉴》编纂委员会编:《广东地政地产年鉴1996》,广东省地图出版社1996年版,第344—345页。

业的好方式(姚锦柏,1997)。[①] 1978年年末,东莞成立了对外加工装配办公室和对外加工服务公司,负责掌握有关方针政策,协调各部门关系,提供各种服务,制定了吸引外商办“三来一补”[②]企业的优惠措施。[③] 各镇区也相应设立了加工办公室,乡村设立加工小组,分线分片负责对外洽谈、签约、协调生产管理、交通运输等方面的工作,及时解决存在的问题。[④]

东莞各地乡村的农民,也敏感地接收到了来自市场的信息,自发地利用仓库、影院、村办公室和“三堂”(祠堂、礼堂、食堂)承接来料加工。1979年4月,虎门镇龙眼村用大队祠堂引进建起了全国首家村办“三来一补”企业——张氏发具厂,之后还用旧会堂、仓库和闲置的文化室办起了新的外资厂。[⑤] 常平镇袁山贝村1979年利用原来大队部所在的大会堂改造建起了村里第一家“三来一补”企业——袁山贝毛织厂。[⑥] 凤岗镇油甘

---

① 1985年9月之前,东莞是惠阳地区下辖的县;1985年9月设立东莞市(县级),1988年1月升为地级市。

② “三来一补”指来料加工、来样加工、来件装配和补偿贸易。

③ 陈道进:《外向型乡镇企业模式——珠江模式》,载陈吉元主编:《乡镇企业模式研究》,中国社会科学出版社1989年版,第166—196页。

④ 林青松、杜海:《我国乡镇企业外向发展的道路与选择》,山东人民出版社1990年版,第121页。

⑤ 林朝丰:《虎门龙眼:超前规划奠定“棋盘”社区》,《东莞时报》,2009年7月16日,A16—A17版;朱晋、向绪安:《30年GDP暴涨逾百倍》,《南方日报》,2008年12月26日。

⑥ 徐章龙:《常平袁山贝:废墟上“长”出个亿元村》,《东莞时报》,2009年7月31日,A22—23版。

埔村 1979 年利用当时仕璘学校空置的楼房,引进了村里第一家港商开办的“三来一补”企业——新新毛织厂,随后下辖的虾公潭自然村也通过改造旧仓库,引来村里的第二家毛织加工厂。[①] 1981 年春,虎门镇金洲村腾出祠堂、集资创办了第一家来料加工企业——金洲毛织厂。[②] 1981 年 6 月,凤岗镇竹塘大队用空置的大业学校当厂房兴办起全大队第一家“三来一补”加工企业——竹塘利发手袋厂。[③] 1982 年,东城区梨川村腾出生产大队的办公楼,办起了第一家来料加工工厂——梨川毛织厂,原本用于召开村民大会的小会堂也腾出办了工厂。[④] 凤岗镇凤德岭村 1984 年办起的第一家外资厂——祥业毛织厂,办在村里的饭堂里。[⑤] 在寮步镇横坑村,村里最早的几家外来企业,如 1978 年引自广州的某气枪弹厂,利用的是旧祠堂;1979 年的港资“三来一补”手表链厂,利用的是旧仓库;1980 年的港资“三来一补”刺绣厂,利用的是旧会堂。[⑥]

---

① 东莞市凤岗镇油甘埔村志编纂委员会编:《东莞市凤岗镇油甘埔村志》,岭南美术出版社 2006 年版,第 98 页。

② 张强华:《虎门金洲:两地皮一规划迈向未来》,《东莞时报》,2009 年 8 月 4 日,A16—17 版。

③ 张强华:《凤岗竹塘:做贴心筑巢人引来“金凤凰”》,《东莞时报》,2009 年 8 月 5 日,A16—17 版。

④ 冯欢:《东城梨川:郊外农村崛起工业社区》,《东莞时报》,2009 年 7 月 28 日,A16—17 版。

⑤ 东莞市凤岗镇凤德岭村志编撰委员会编:《东莞市凤岗镇凤德岭村志》,内部资料,2006 年,第 71 页。

⑥ 2009 年 11 月横坑村史办钟礼春、钟晃耀、钟汝彬访谈。

东莞市集体建设用地使用权流转的历史(摘录)[①]

2005年9月15日,东莞市人民政府正式公布《东莞市集体建设用地使用权流转管理实施办法》,9月16日东莞市国土局召开新闻发布会,回答众多企业与市民关心的问题。其中介绍了东莞市集体建设用地使用权流转经历的三个阶段:

第一阶段是自发阶段。东莞市的集体建设用地其实“入市”起步很早,1978年,广东省、也是全国第一家来料加工企业——太平手袋厂在东莞市虎门镇正式成立,从此拉开了“三来一补”企业在东莞迅速增长的序幕,也就是从那时起,集体建设用地使用权就已经开始“入市”了,只不过这种做法是不公开的,政府对这种做法基本上持“不支持、不鼓励、不干涉的态度”。

第二阶段是“引导提高阶段”。2003年,广东省下发了《关于试行农村集体建设用地使用流转权的通知》,从此拉开了集体建设用地使用流转权流转的探讨序幕。

第三个阶段是规范有序阶段。2005年6月23日,广东省政府以规章的形式发布了《广东省集体建设用地使用权流转管理办法》(第100号令),标志着广东省集体建设用地使用权流转纳入

---

① 刘宏宇:《严防变相低价出卖集体土地》,《广州日报》,2005年9月19日,D4版。

了法制化、规范化的轨道。9月2日,东莞市市长刘志庚又签署了第80号令,标志着东莞市的集体建设用地使用权流转进入了规范有序的阶段。

经历了改革开放初期因陋就简、利用仓库、三堂等作为厂房出租给首批外商进行来料加工的阶段,随着资金的不断积累和集体经济实力的日益壮大,东莞各地纷纷“筑巢引凤”——选择条件好的地段建起一批简易的、单个的、分散的小型厂房,同时也出租地皮给外商自建,逐渐扩大了引进外资的规模,并开始筹建工业区(姚锦柏,1997)。

在国家和广东省有关吸引外商投资、台商投资优惠政策的基础上,东莞在土地使用上又提供了一系列的优惠措施。1984年7月1日,县长郑锦涛在东莞县政府举行的记者招待会上宣布给外商投资办厂的十项优惠待遇,其中第一条就是“外商到东莞县投资办厂,享受低于经济特区的优惠地价,外商申请在东莞县建筑别墅,地价从优”。① 后来市政府还出台了《东莞市人民政府鼓励外商投资的优惠办法》,在用地政策方面主要规定:(1)凡到东莞市投资兴办“三资”企业和开展“三来一补”业务,东莞市积极提供场地、劳务和资源;对开发型和技术先进型项目,在计划审批、建设定点、土地征用、市政工程配套和基础设施、劳务配套等方面给以优先

① 岑祖谋、关健:《东莞县政府举行内地与港澳记者招待会,宣布给投资办厂外商十项优惠待遇》,《南方日报》,1984年7月2日。

安排。(2)外商投资企业申请工业用地并由外商投资自行完成厂房建设和基础设施的,其土地使用期可延至50年;投资额大、成片开发建设的,其土地使用年限可增至50年以上;土地使用期满,需继续经营的,可于期满前申请延长使用年限。(3)对利用外资完成厂房及基础设施建设的以及成片开发用地的,可按市内不同类型地区和土地类型,采用不同的优惠待遇。之后,东莞市政府又出台了《东莞市人民政府关于鼓励台商投资的优惠措施》,规定除了享受国家和省有关鼓励外商投资企业的优惠政策之外,台商投资企业还可以得到十个方面的优惠,在土地利用上,优先安排生产用地。台商投资企业必要的生产用地(包括相应的生活用地)优先安排,国土、城建部门要及时做出规划。对甲类台商投资企业的生产用地,除给予优先安排外,其土地使用费(不包括城建开发费),可从优收取,并在地方权力范围之内,允许其以开发区的形式大面积连片开发办企业。①

① 有关东莞对外商、台资企业的优惠政策条文,引自姚锦柏(1997)。

4.4　雁田村的案例[①]

4.4.1　村庄概况

雁田村位于东莞市东南端,下辖南坊村、北坊村、西坊村、东一村、东二村、长表、水贝、埔心、石蚧 9 个自然村,全村户籍常住人口约 3000 人,外来务工人员约 10 万人。该村的东、南、西三面与深圳龙岗区接壤,面积 24 平方公里,东深路和东深二路纵穿全境,距罗湖海关和深圳机场只有半小时车程。

30 多年前,这里还是一片无人问津的村野,人口多,劳力少,集体经济一穷二白。由于地理位置上临近香港、生活贫困,1951—1979 年间,雁田

① 案例资料主要来自:(1)2009 年实地访谈资料;(2)中共雁田党支部、雁田村民委员会村志编写组编:《东莞雁田志》,自印资料,2003;(3)王晓毅等:《中国村庄的经济增长与社会转型:广东省东莞市雁田村调查》,山西经济出版社 1996 年版;(4)吴冰、张韵:《雁田村的资本运作》,《人民日报·华南新闻》,2006 年 2 月 23 日;(5)郑俊彦:《东深路承载雁田蜕变历程》,《东莞日报》,2008 年 12 月 25 日,A6 版;(6)李明峰:《东莞转型:走出"租赁经济"》,《第一财经日报》,2009 年 6 月 4 日;(7)冯志刚:《凤岗雁田:亿元村滚雪球 异地演绎"东莞模式"》,《东莞时报》,2009 年 7 月 21 日,A17 版。

人较大规模偷渡香港的共有三次，有1000—2000青壮年人跑到香港。这造成了村里劳动力的不足，每年农忙时常需要公社派遣劳动力帮助，是有名的“逃荒村”、“靠帮队”。当时雁田人的生活基本上靠“八分钱”（即写信到香港的亲朋处讨要生活费，当时的邮资是8分钱）过日，于是当地有了“有女唔好嫁雁田，朝晚出勤不见天。扛了犁耙带锅仔，孩儿难见爹娘面”的说法。

斗转星移，到了2001年，雁田已有外资企业350多家，工农业总产值4亿多元，出口创汇1亿多美元，集体纯收入8400多万元；到了2005年，雁田村组两级净资产超2亿元，排名东莞全市村组第一。细究其中，会发现农村集体土地开发、土地要素市场化推动下的工业发展在雁田这个小村庄翻天覆地的变化中所扮演的杠杆作用。①

4.4.2 集体土地与工业化的起步

1980年，原籍广东惠东的港商黄达华到东莞看望朋友，偶然发现这里的投资环境不错，提出利用雁田村本来几乎被废置的宽10米、长60米的大会堂办一个厂。“当时雁田多数人的思想仍停留在传统政治思想的框架内而没有解放，他们对与港商合作办厂持怀疑、犹豫甚至反对的态度。

---

① 雁田曾是大队（1961—1983）、乡（1983—1986）、管理区（1986—1999）、村（1999— ），除1983—1986年是一级政府外，都是行政村的建制，所辖区域是一致的。

面对来自赞成和反对的意见,当时的雁田领导班子,一方面统一领导成员的认识,向雁田群众宣传中央有关农村经济体制改革的精神,宣传中央让一部分人先富起来的号召,同时,也通过宣传以往队办企业给雁田带来的效益,让群众明白发展工业和致富的关系;另一方面,争取上级主管部门和领导的支持。"经过细致周到的群众工作,在上级政府的支持下,1980年2月,雁田与港商正式签订了开办第一家"三来一补"型企业的合同,办起了"正信毛织厂",拉开了雁田工业化的帷幕。"三来一补"型企业投入的结构是由外商负责设备和流动资金投入,中方负责承担土地使用面积和厂房建设的投入。对雁田来说,自己是土地的所有者,因而实际投入的资金就是厂房的建设资金。而这一投资在上述几项投资中规模较小,资金要求量较低,正好适应雁田的条件。毛织厂创办的当年,企业缴给雁田的工缴费收入达到29万港币,相当于2000亩水田全年的收入,而且进厂做工的雁田人每人每月还可得到200多元的工资收入。

20世纪80年代初中期,东深工程雁田地段二期扩建工程征占了雁田村的土地,支付了几百万元的补偿。与其他村将征地补偿款分发给村民不同,雁田村委会把钱集中起来用于投资建设厂房、改造路网、配套水电,奠定了发展的基础。于今回顾,村委会主任邓泽荣先生说,"回想起来,这笔钱相当重要,当时路网改造还不健全,水电配套、'三通一平'很多没有搞完,这个时候我们怎么敢把钱分下去,也幸好没有分下去,不然也没有了今天的发展成就”。

4.4.3 开发土地,发展经济

为了吸引外商到雁田来投资,雁田人号召在港雁田籍同胞回家乡办厂,抓软、硬环境的建设,成立“一个窗口”一条龙服务的“对外加工装配办公室”,加强工业厂房、公路、自来水、加油站、派出所、影剧院、医院、邮电支局、酒店、银行支行的建设。在雁田人的努力下,大量外商要求来雁田以“三来一补”的模式投资办厂。这就需要雁田提供充足的厂房、库房和职工宿舍。面对这样的要求,雁田村由集体提供土地、由农户出资修建符合企业要求的各类建筑物,然后由集体统一出租给外商,收入由集体与农户按 4:6 分成,以后再按期限的长短逐渐调整分成比例。

在土地的经营上,雁田于 1981 年上半年推行家庭联产承包责任制,分田到户。1984 年,雁田经济出现了结构性的转折,工业产值第一次超过农业产值。到 1985 年、1986 年,面对工业发展强劲的势头,雁田村考虑到工业发展后村民种田积极性不高、土地零星种植效果差以及工业发展对土地合理规划、使用的统筹安排需要,决定将发包出去的土地分期分批重新收归集体统一使用,以货币或公余粮的形式补贴村民。大概到 1992

年,全部土地都收归集体,由集体统一安排使用。①

雁田村级行政组织和村民通过农地转用开发,成功地招商引资,进行资本积累,实现了村庄的工业化和“实际发生着的城市化”,促进了经济增长、集体和村民收入的提高。农地转用开发的方式主要有以下4种。

(1) 转让土地,取得土地租金。为了鼓励港商、台商和外商来雁田投资办厂,村里确定的土地租赁价格非常低廉,每年每公顷土地只收1500元,而签订的土地使用合同最短的也不会少于15年,最长的则达30年之久。在1994年该村完成资本原始积累之前的十几年间,村里共出租73.3公顷土地,每年取得的地租收入为100多万元。企业有偿使用本村土地的同时,还要向村里缴纳土地管理费。2008年,雁田村仅土地管理费收入就达到了2650万元。

(2) 出租由村里集体建成的各种厂房。1995年前后,雁田村的289家“三来一补”企业共占用厂房面积584741平方米。这类租金远高于纯粹的土地出租收入。1997年,雁田的厂房租金收入达到了2944.27万元,

---

① 绝大多数村民赞同统一用地,对于还愿意种田的,村里也尊重他们的意愿。因为“种粮不赚钱”,且雁田工业的发展给村民提供了不少进厂工作的机会,工作收入远高于务农收入,“于是,那些素质高、反应较快的农户,首先领悟到,种田仅能饱肚子,而要装满钱袋子,得到耕地之外去想办法。这样,找人代耕承包地的现象便发生了。当雁田管理区统一收回发包到农户手中年头不多的耕地时,雁田农户欣然同意。”根据中国社会科学院农村发展研究所1995年对44户农民的调查,未有一户对集体收回承包权有异议,而同时时常听到的是“不种地好,不再受那份苦了”的感叹(王晓毅等,1996)。

占当年全村总收入的26.33%。2008年，厂房租金收入达到了4587万元。

（3）出租各种档次的宿舍。这项经营的大部分业务由村民来做，但村民必须支付每平方米5—6元的成本从村里买地盖宿舍，并要把出租收入的20%交给村集体。这样，村里不需要出资就能取得部分收入。村民则通过这项经营活动增加了收入，一般每户房屋出租的年平均收入要占到全年家庭总收入的30%以上。中国社会科学院农村发展研究所1995年的调查发现，约有80%的农户有房屋出租行为，个体所有的房屋出租已成为农民的一项重要收入，农户房屋租赁收入占到总收入的32.94%，租赁收入占家庭总收入比重最高的可达到90.2%；从对有房屋租赁收入农户调查的情况看，平均每户农户房屋租赁的年收入在20—40万元；每年村民从出租房屋中可以收入1000万元以上，而集体从中可以得到120万元以上的管理费。2009年，据村委会副主任邓满昌先生介绍，村民人均出租房屋的收入平均不会低于集体每年的分红额，即都能达到13000元以上。

（4）以土地入股与外商合资。随着时间推移和雁田村集体经济实力的增强，雁田村企业的投入结构有了改变。在20世纪80年代，土地、厂房的投入主要以外商承租土地和厂房来表现，投入费用占生产投入总资本的比重较小。到了90年代，中外双方开始尝试兴建合资企业，土地作为村集体经济组织资本投入的形态，参与合资。土地资本的投入由中方负责，厂房的投入仍由外商承担。后来，雁田还以土地和厂房作价入股。

早期,这种合资方式的回报率较高,能够达到25%—40%,近些年回报率有所下降,村里以这种方式经营本村土地的也有所减少。

表4-2 雁田村的主要经济指标:1991—2007

年份	工业企业(个)	工业产值(万元)	集体利润(万元)	可支配收入(万元)	资产总额(万元)	负债总额(万元)	资产负债率(%)	人均纯收入(元)
1991	239	4600	1066	/	/	/	/	2729
1992	321	7500	2108	/	/	/	/	3146
1993	330	9395	2400	/	/	/	/	2567
1994	339	20537	3500	/	/	/	/	3130
1995	334	25863	4000	/	/	/	/	3850
1996	332	15656	5275	/	/	/	/	4499
1997	/	/	/	7663	41758	3142	7.52	/
1998	320	30393	/	7328	45715	695	1.52	6000
1999	363	40565	/	7371	50233	494	0.98	6873
2000	360	48678	/	8411	57414	659	1.15	8178
2001	/	68413	/	9572	65575	486	0.74	8997
2002	293	74565	/	9991	73011	457	0.63	9564
2003	291	89844	/	10327	80111	584	0.7	10031
2004	380	97764	/	11263	184512	3827	2.07	10971
2005	430	109495	/	11676	185481	4325	2.3	11736
2006	466		/	12278	198792	6278	3.2	13793
2007	501		/	13582	210442	10398	4.9	15433

数据来源:《东莞统计年鉴》(1992—2008)。

世纪之交，完成了资本积累、已经富起来的雁田村开始思考如何从出租厂房、租赁土地的租赁经济走出来，如何做好村组集体经济保值增值的问题。领头人邓耀辉头脑清醒，深知雁田能够走到这一步，依仗的是自身拥有的土地资源。① 而雁田村外的土地，也是个无限的发展空间。为此，村集体设立了一个专门的投资基金，每年花几千万元资助雁田人投资创业。从2000年开始，雁田开始尝试资本经营、异地投资。他们在江西投资建公路大桥，在广西建化肥厂，在上海、广州、天津和广东清远等地进行投资，项目涉及房地产、旅游、仓储等，大多已产生效益，初步形成了多种经济形态并存的发展模式。

4.4.4　集体土地与村民福利

2007年，面积仅24平方公里、户籍人口约3000人的雁田村，共完成工农业总产值6亿元，创汇1亿美元，集体纯收入1.2亿元，各项经济指标在全市评比中均名列前茅，在全市村级经济建设排名中位列第3名，村组

---

① 集体对村民使用土地致富的态度也很鲜明——“有一些从事商业的活动的雁田人……一些人已经有发展规模比较大的商业，另外还是规模较小的个体户。……管理区的领导很有信心地指出，我们现在允许发展个体和私营经济，但这并不意味着它们可以永远如此发展，当我们的集体经济发展以后，我们在适当的时候可以对它们进行调控，增加它对集体的贡献，因为它们所使用的土地是我雁田的，所有配套的基础设施是我雁田的，等他们赚足了钱，是要为雁田做贡献的”（王晓毅等，1996）。

两级可支配收入列第 5 名,村组两级净资产居第 1 名。

村委会主任邓泽荣接受采访时指出,2008 年雁田村纯收入 1.3 亿元,其中有 7000 万元是企业的租金。这与村委会副主任钟满昌 2009 年接受采访时指出的“物业租赁收入占到 40% 左右,对外投资收入占 30% 左右,其他为土地管理费和工缴费等收入”基本吻合。

表 4－3　2005、2008 年雁田村与土地有关的直接收入

（单位:万元）

年份	厂房租金	店铺租金	地租	其他物业租金	土地管理费	合计
2005	2924	263	488	265	1517	5457
2008	4587	534	/	189	2650	7960

资料来源:2009 年 11 月雁田村调研资料。

在集体经济不断发展壮大的背景下,1995 年 11 月雁田村通过《雁田管理区群众福利年终分配的暂行规定》,对福利分配事项做了布置。在做出有关户口规定的同时,《暂行规定》第十三条还规定:“东深二期、三期扩建征用了雁田的土地,因征地办理农转非者,纯属照顾性质,并由集体动员其农转非,可享受分配。”可见,在本来户口与土地权利就紧密结合的制度安排背景下,因为征地而没有本村户口的村民,由于其原来承包的土地被村里收回统一开发且被征土地的补偿款作为集体经济的启动资金,对村庄经济有贡献,仍能享受福利分配,土地权利在某种程度上得到了比户口更进一步的强调。

对土地权利的强调在1999年12月通过的《东莞市凤岗镇雁田经济联合社土地股份合作制章程》中表现得更明显了。除了以"土地股份合作制"来为章程命名外,《土地股份合作制章程》还指出:"为全面贯彻落实中央关于延长农村土地承包期三十年不变的政策,进一步明确社员对集体土地的承包权不变,保障社员的合法权益,根据中央、省、市和《东莞市农村集体资产管理实施办法》以及《东莞市凤岗镇集体资产管理实施办法》,结合本经济联合社实际,制订本章程。"在当地,这种土地股份合作制被认为是"一种新型的土地开发制度和经济制度,是联产承包责任制的一种发展模式"。① 《土地股份合作制章程》详细规定了经济联合社的管理机构、股权和分红权、分配办法等事项。延续1995年《暂行规定》的条款,《土地股份合作制章程》规定"属东深工程1980年后征地指标农转非的本村村民可享有股权和分红权"。2003年11月,在1999年通过的《雁田经济联合社土地股份合作制章程》、实行土地股份合作制的基础上,雁田村成立了"股份经济联合社",通过了《凤岗镇雁田股份经济联合社章程》。

2004年,雁田村个人股每股分红10162.66元;2005年,个人股每股分红10457元;2007年,个人股每股分红12160元;2008年年底,个人股每股分红13000多元。村民除获得雁田村的分红外,还能获得自然村的分红,但不同自然村的分红差距很大,有的多,有的少,有的没有。60岁以上的

① 油甘埔村志编纂委员会编:《油甘埔村志》,岭南美术出版社2006年版,第2页。

老人还有养老福利,每人每月500元,加上东莞市农民养老保险150元,合计650元。另外,村民还有其他类型的福利。例如,根据《雁田村村民学业奖学方案》,凡考取全日制大专以上院校的村民,村里一次性给予5000元奖励;本科毕业生在毕业时可凭毕业证书到村委领取一次性奖金5万元(早些年凭毕业证书可获一套住房的奖励);出国留学人员每年补助5—8万元。

4.5　横坑村的案例[①]

4.5.1　村庄概况

横坑村位于东莞市寮步镇西北角、广深经济走廊中段,与东城区紧密

---

① 案例资料主要来自:(1)2009年实地调研资料;(2)东莞市寮步镇横坑村村民委员会、《横坑村发展史》编写小组编:《东莞市寮步镇横坑村发展史》,广东科技出版社2004年版;(3)中共东莞市横坑社区党支部委员会、东莞市寮步镇横坑社区居民委员会:《改革开放勇争先,创建府与和谐文明新社区——横坑改革开放30年的光辉历程》,内部资料,2008年4月28日;(4)钟浩彬:《东莞城市边缘区横坑村村落形态演进研究》,华南理工大学硕士学位论文,2006年;(5)张欣仪:《寮步横坑:"鱼米之乡"出落成广东最美丽乡村》,《东莞时报》,2009年7月29日,A17版;(6)谢泽元:《横坑:一个东莞嬗变与困局的样本》,《东莞经济》2009年第9期。

相连，离东莞市中心约3.7公里。横坑村下辖北门、南门、松门、铁涌、禾合田等5个自然村，全村总面积为5.5平方公里，当地人口约4700人，外来人口约5万人，莞深高速公路、莞樟公路和东莞五环路贯穿其间，交通十分便利。

横坑村原本是以橙柑种植闻名的村庄，国家领导人胡启立、李鹏、谷牧、赵紫阳等20世纪80年代中后期曾先后到村里考察柑橘的种植。但是，到20世纪90年代初，随着国内橙柑供过于求、销路不畅，柑橘的价格从1989年的0.62元/斤大幅下降到1992年的0.45元/斤，横坑村的收入随之大幅度下降，1991年人均收入处于寮步镇倒数第二、第三的落后状态。由于之前柑橘收入不错，村民温饱有余，村里对“三来一补”、发展加工工业抓得比较迟，20世纪90年代初村里只有漂染、羽绒、被服、玩具等4家外商小厂，经济水平比东莞的虎门、长安、厚街等地最先发展工业的村庄落后了5到10年，村集体经济十分薄弱，1991年集体纯收入只有74.8万元。

4.5.2 开发土地，发展经济

1992年2月，横坑村党支部委员会换届，1993年8月管理区(村)管委会也换届。面对柑橘价格下降、集体经济薄弱的现实，钟任昌先生等新一届村干部通过对比发现：深圳特区已由一个边陲小镇发展为数百万人口的现代化大都市,昔日许多贫穷落后的小村已发展成工商业发达的现代小城镇;而东莞的虎门、长安、厚街、长平等镇的许多村庄,从20世纪80年代起,主要依靠批租土地给外来企业办厂或自建厂房出租,收取租金和工缴费等来投入乡土的建设和增加农民的收入和福利,主要的经济增长点已经转向以“三来一补”企业和三资企业为主要形式的外向型经济。

他们认为,无工不富,只有走工业化的路才能富起来。为了启动工业化,他们想到,横坑最大的财富是拥有几千亩土地,这块地紧靠东莞市东城区的发展中心,居广深经济走廊中段,地理位置和交通条件优越,只要做好投资环境,外商一定会来发展;靠批租部分土地取得启动资金,利用这些资金建工业园区,出租厂房给客商办店办厂,收取租金,然后滚动发展,是切合横坑实际的好路子。之后,村里做出了“解放思想,抓住机遇,通过土地开发取得启动资金、建厂房出租,吸引客商来横坑投资办厂,逐步滚动发展,搞好两个文明建设,带领横坑从农业走向工业,从农村走向城镇,走向现代化”的决议。

随后,横坑村从村民手中收回了承包地,向村民支付地租和青苗补偿金,免费供应村民粮油实物,建公墓、迁祖坟、迁村,建起了办公楼。① 原来村里的土地有70%是低丘陵。按深圳市城市规划设计研究院的设计,从

---

① 这在当时确实需要不小的魄力和决心。当横坑村开始着手削山头、建工业区的时候,寮步镇的其他村庄称横坑人为傻了(2009年11月横坑村办公大楼村建办钟达财先生访谈)。

1992年下半年到1996年上半年，横坑村投入3000万元，按统一高程将40多个山头填埋成一片平展的、面积约7080亩的土地，并按高标准完成了排水、供水、供电、路网等的建设。[①] 为筹集资金，他们采取边实施“三通一平”、边批租土地、边建工业城、边招商引资办企业的滚动发展方法。在这一过程中，东莞市和寮步镇的国土部门批准了横坑土地的红线范围，使横坑能够抓住机遇、开发土地。

据介绍，在横坑，村民代表签字后，村集体可以转让集体土地的使用权。其中，有村集体转让土地给村民开发工业厂房的，面积不是很大；有转让土地给房地产开发公司开发住宅小区的（20世纪90年代中期以来横坑建成了比华利山庄和嘉湖、金湖、银湖、翠湖、东安、诚德、富民、时富、太和花园等多个住宅小区，用的大多是村集体转让的土地）；也有转让土地给私人开发商铺的，如莞樟公路两边的商铺；也有开发之初缺乏资金时请开发企业帮忙推平山头、搞基础设施建设而划地抵账转让的。1993年上半年，首块约700亩土地转让给东莞市政府下属的驻港企业福民公司，获资金3000多万元。到1997年年底，横坑村共转让土地2500亩，收入3.15亿元，为村庄的经济建设筹得了宝贵的资金。

1993年上半年，通过转让土地获得的3000多万元资金，除安排急需的青苗款和村民地租款、“三通一平”开支外，马上投入横坑第一个工业

---

① 据村史办的老先生介绍，横坑原有48座海拔20—60米的低丘陵山岭，经过“削山头”开发，现在只剩下一座了。

城——万荣工业城(约 120 亩)的建设,共建成标准厂房 17 栋、6 层宿舍 11 栋,建筑面积约 10 万平方米。整个工程耗资 9400 多万元,横坑村最初投入的资金却不到 2000 万元,其余部分由工程公司带资兴建,横坑在厂房出租和土地开发有收入之后才逐步偿付。① 横坑村制定了对客商有吸引力的租金水平——厂房每平方米每月租金 10 元,宿舍及配套设施每平方米每月 8.5 元,工厂员工综合服务费每人每月 30 元,大部分厂房在一两年内都租了出去。

为了吸引原在厚街镇办厂的韩国三星到横坑落户,横坑村克服了 20 世纪 90 年代中期国家金融和经济秩序整顿中贷款难等众多难题,千方百计筹措资金,从 1994 年起 16 个月内建成建筑面积 6 万多平方米(包括厂房、办公楼、仓库、食堂、员工宿舍、道路在内,占地 15.3 公顷)、中方投资超过 1 亿元的三星工业园一期工程,于 1995 年 10 月 1 日投入使用。在三星电机的带动下,韩国爱铭数码等 27 家 IT 企业及 60 多家轻工业企业争相进驻横坑,实现了横坑村通过高科技龙头企业落户吸引其他企业来投资的目标,集体收益有了稳定项目。

1996—1997 年,横坑村又完成建筑面积 52966 平方米,其中三星二期工程厂房面积 29666 平方米、新增宿舍 3300 平方米,万荣工业城扩建厂房、宿舍 6 栋 8000 平方米,三和新建厂房、宿舍 4 栋 12000 平方米。2000

① 这也是历史的机遇,当时正处中国房地产热过后的治理整顿期,建筑队、工程公司活少,愿意带资兴建。

年又完成三星三期厂房、宿舍23400平方米和信三电子厂首期工程15000平方米。

为妥善处理好行政村与五条自然村及自然村相互间的利益关系，调动村民小组（自然村）一级发展经济的积极性，充分发挥各村民小组的资源潜力，横坑村划出550亩土地给5个村民小组（其中南门、北门、松园等3个自然村的人口都在1000人以上，各得150亩；铁涌和禾合田的人口都只有两三百，各得50亩）自主投资开发厂房和宿舍，3年内共投资5529万元，建成厂房、宿舍92122平方米。这些厂房、宿舍出租，1997—1998年共收入租金及管理费1047万元，1999年、2000年、2001年的收入逐年递增，分别为861、991和1225万元。

1992—1999年间，横坑村共投入1.3亿元做“三通一平”基础设施，投放3亿多元建设厂房、宿舍34.4万平方米，人均可出租的厂房、宿舍为82平方米。这些厂房、宿舍全部出租，每年可获租金收入3000多万元。据原村委会委员钟晃耀先生介绍，横坑村从1993年到2008年一直没有停止过厂房及其他物业的建设。根据寮步镇2004年10月对各村委会的调查，2003年横坑村的物业收入为4220万元（占村总收入的84%），在寮步镇的29个村中排名第一，且遥遥领先；①根据横坑村委会提供的数据，到2005年，物业收入上升到了4901万元，占村总收入的86%。

① 广东省人民政府研究中心东莞市寮步镇总体发展概念规划课题组：《东莞市寮步镇总体发展概念规划》，内部资料，2005年版，第147页。

4.5.3 集体土地与村民福利

到2008年上半年,横坑村6个工业园区的总建筑面积达到了80万平方米。2007年,村集体总资产为8.65亿元,位居东莞市第12位;集体可支配收入为7346万元,居东莞市第40位;村民人均收入13872元,是1978年人均收入的65倍。

1992年回收之前承包到户的土地时,为保证土地开发期间村民有正常的收入、生活得以稳定,横坑村支委会和管委会参照其他村的补偿标准,结合本村的支付能力,制定了收回土地的租金和青苗补偿金的支付标准:收回土地每亩每年付给租金1000元;收回土地上如果种植的是荔枝,每亩一次性付青苗补偿金5000元,种植橙、柑、橘的每亩一次性支付青苗补偿金4000元。另外,为解除村民生活的后顾之忧,支委会和管委会从开始大规模开发土地起,就免费定额供应村民粮油,村民每月20日前凭卡到粮站领取,标准为1—8岁的村民每月大米15市斤,9—15岁的每月20市斤,16岁以上的每月25市斤;食油每人每月0.5市斤。

在土地开发、厂房出租有了较稳定的收入后,横坑村就将收回承包地而每年支付的租金改为稳定的村民福利金。1999年4月横坑村村民代表会议通过的《横坑村委会村务管理实施细则》规定,村民福利金每人每月150元,年终一次性结算支付;60岁以上的老年人还享有老人金,60—69

岁的老人每人每月 60 元,70 周岁以上的每人每月 80 元;免费粮油的供应保持原来的标准。

表 4-4　横坑村的主要经济指标:1991—2007

年份	工业企业(个)	工业产值(万元)	集体利润(万元)	可支配收入(万元)	资产总额(万元)	负债总额(万元)	资产负债率(%)	人均纯收入(元)
1991	7	461	94	74.8				1630
1992	7	516	63	84				2200
1993	15	1953	1249	270				2430
1994	11	2953	3021	325				3629
1995	13	3350	530	620				4400
1996	36	5700	1260	1387				5253
1997				2464	28311	9025	31.88	6100
1998	32	20900		3062	29588	9013	30.46	6513
1999	60	280000		2836	42655	10411	24.41	9904
2000	41	244000		3168	48146	11716	24.33	8588
2001	11	98000		3461	51785	14932	28.83	8721
2002	43	296300		5352	52690	14693	27.89	8812
2003	52	256300		5789	54738	11523	21.1	9012
2004	57	263200		5653	64455	9245	14.34	10741
2005	98	271500		4707	63365	7561	11.9	11165
2006	101			10726	68991	7870	11.4	13446
2007				10605	77627	10977	14.1	13872

数据来源:除 1991—1996 年的“年可支配收入”和 1997 年的“人均纯收入”数据来自《横坑村发展史》外,其余数据来自《东莞统计年鉴》(1992—2008)。当两文献的数据存在差异时,取《年鉴》的数据。

从 2004 年起,村民福利得到了进一步的改善。村民福利金从每人每月 150 元提高到 600 元(其中行政村提供 500 元,自然村提供 100 元);60—69 岁老人的老人金从每人每月 60 元提高到 80 元,70 周岁以上的老人从每人每月 80 元提高到 100 元;免费粮食供应不变,食油从每人每月 0.5 市斤增加到 1 市斤。

4.6　结论

4.6.1　农村可以通过集体土地的非农建设发展经济

在东莞,与雁田、横坑类似,几乎所有的村庄都走开发集体土地、发展工业的道路。中共东莞市纪律检查委员会编写的《为民 · 务实 · 清廉——东莞市优秀基层干部事迹素描》中描写了东莞 32 位基层干部的事迹,大多强调基层干部在整理工业用地、出租厂房、招商引资中的重要贡献。[①] 进入 21 世纪后,在东莞一些后进的村、镇,依托集体土地撬动经济发展的机制依然有效,如近年来沙田镇的齐沙、斜西和穗丰年等村庄。根

① 中共东莞市纪律检查委员会:《为民 · 务实 · 清廉——东莞市优秀基层干部事迹素描》,内部资料,2004 年 10 月。

据沙田镇党政办公室的调研，这三个村借助市、镇的扶持政策，采取以地抵债、转让部分土地作为启动资金等方式缓解村集体负债重、发展迟缓的状况。穗丰年村加强与银行的沟通，通过以地抵债的形式偿还了1960万元欠款。该村还借助镇政府土地返还的政策，转让约200亩土地作为发展的启动资金，有力推动了村集体经济发展，在2003年摘掉了贫困村的帽子。斜西村以高于市场价的价格收购村民小组的土地，由村委会统一开发，增加了村一级的土地储备，然后通过转让部分土地、建设企业宿舍出租、兴建新村和综合市场等方式，增加集体收入。① 正如东莞市国土资源局所总结的，“经济起步初期，哪个地区土地政策灵活，土地资源利用得好，哪个地区就能在日益激烈的城市竞争中赢得主动，吸引更多的投资”。②

国务院发展研究中心《推进社会主义新农村建设研究》课题组2006年在全国17省（市、区）2749个村庄的调查发现，多数村庄的集体经济收入微薄，集体收入低于5万元的村占近一半，低于10万元的占近60%，高于50万元的村占22.6%，高于100万元的村占16%；在有集体收入的2574个村庄中，700个村庄没有集体本身收入，占比为27.2%；被调查村

① 沙田镇党政办公室：《沙田镇发展农村集体经济的调研报告》，《东莞调研》2006年第18期，第26、27—28页。

② 东莞市国土资源局：《石龙镇土地开发利用引出的几点思考》，载中共东莞市委政策研究室编：《谋事之基，成事之道：2004年东莞市重要调研成果》，广东科技出版社2005年版，第355—358页。

庄中有 32.9% 的村庄资不抵债。① 与之相比,东莞市村集体经济的实力十分强大。2006 年年末,东莞可支配收入(扣除土地物业转让纯收入)超千万的村有 350 个,超 5000 万的村有 59 个;2007 年年末超千万的村有 369 个,超 5000 万的村有 62 个;2008 年年末超亿元的村有 18 个,超千万的村有 385 个,超 5000 万的村有 65 个。②

4.6.2　农村集体有能力统筹规划、利用好自己的土地

从 20 世纪 70 年代末起,东莞各地农村的土地经营经历了"人民公社、生产队经营—家庭承包—村集体收回、统一经营—股份化"的过程。在 20 世纪 80 年代初,与全国其他地方的大多数农村一样,东莞各地实行了分田到户的家庭联产承包责任制。随着农村工业化脚步的加快,东莞各地的村集体又先后收回了承包到户的土地,统一开发和管理。例如,1983 年—1992 年 10 月,凤岗镇凤德岭村对所辖三个自然村的土地进行全面规划,统一使用;③厚街镇三屯村委会 1984 年对全村土地进行统一安

① 国务院发展研究中心课题组:《中国新农村建设推进情况总报告——对 17 个省(市、区)2749 个村庄的调查》,《改革》2007 年第 6 期,第 5—17 页。

② 《东莞市国民经济和社会发展统计公报》(2006、2007、2008 年)。

③ 东莞市凤岗镇凤德岭村志编撰委员会编:《东莞市凤岗镇凤德岭村志》,内部资料,2006 年版,第 35 页。

排,形成厂房区、生活区、公共设施区三大块;[①]凤岗镇天堂围村 1992 年收回全村的承包土地,实行统一规划、统一种植、统一开发、统一建设;[②]1992 年,长安镇乌沙村委会收回所有农田,实行股份制;[③]凤岗镇油甘埔村 1993 年冬对辖区内各自然村的土地实行集中有偿统筹规划、统一开发;[④]2002 年,寮步镇小坑村委员会征收统筹全村耕地,为今后发展工业统一规划使用。[⑤] 将之前承包给一家一户的土地收回后,村集体统一规划、集中开发、招商引资,既有转让土地使用权的,也有投资建厂出租厂房的,通过收取土地转让费、厂租、地租、工缴费、土地管理费,壮大了集体经济。随着集体经济日渐起色,20 世纪 90 年代中后期,东莞农村实行了土地股份合作制。到 21 世纪初,在原有土地股份合作制的基础上,东莞农村又纷纷成立股份经济联合社。

国土资源部土地利用司 2001 年对河南、浙江、上海、江苏、广东等五

---

① 李慧玲、何展婷:《厚街三屯:莞草之乡蕴含耀人财富》,《东莞时报》,2009 年 7 月 23 日,A16—17 版。

② 天堂围村志编纂委员会编:《东莞市凤岗镇天堂围村志》,内部资料,2007 年,第 77—78 页。

③ 荣建华、何展婷:《乌沙岁月流金炼成国际化社区》,《东莞时报》,2009 年 7 月 13 日,A4—5 版。

④ 东莞市凤岗镇油甘埔村志编纂委员会编:《东莞市凤岗镇油甘埔村志》,岭南美术出版社 2006 年版,第 2、90 页。

⑤ 中共小坑村支部委员会、小坑村村民委员会编:《东莞市寮步镇小坑村志》,内部资料,2005 年,第 123 页。

省(市)的专题调研发现,无论是经济发达地区还是经济欠发达地区,集体建设用地流转都已大量存在,在各地的社会经济活动中占有相当重要的地位(国土资源部土地利用司调研组,2002)。在经济较发达的长三角、珠三角及北京周边地区,集体土地以出租、转让、联营、入股等多种形式进入市场,参与利益分配,已成为土地资源配置中的一股重要力量(王小映,2003;蒋省三、刘守英,2006)。比较有名的关于农村开发集体土地、发展经济的调研,有蒋省三、韩俊(2005)对广东南海土地资本化与农村工业化的调研,韩俊等(2008)对北京市朝阳区的调查,余斌等(2009)对北京朝阳区高碑店乡的调查,黄中廷等(2007)、北京市委研究室课题组(2008)对北京市丰台区草桥村的调查,刘守英(2008)对北京市昌平区郑各庄村的调研等。农业部农村改革试验区办公室在山东的调研发现,山东孙耿镇政府不低价强征农民土地,而是通过社区成员全体、自愿、平等的"集地"行动,各村按人口统一调地,地权不变,集中"滚"到镇中心的 104 国道两侧,建立经济开发区,为乡镇企业集聚提供发展空间。这种用地模式,土地集体所有的权属关系没有改变,"在农村工业化、城镇化占用土地这个最易于剥夺农民的环节上,有效地维护了农民和村集体利益,也保护了党和政府的形象",又避免了传统农区工业化初期的"村村点火",加快了小城镇建设(温铁军、朱守银,1996;温铁军,1996)。

从东莞及其他众多的调查研究中可以发现,农村集体有能力通过学习,自己规划好、利用好自己所有的土地。即便是常为一些人所诟病的

“村村点火，户户冒烟”的所谓土地利用不集约，也有许多村庄不仅可以避免，而且可以在基础设施、产业配套、企业集聚等方面做得很好。另外，在或不在政府的倡导下，由不同的村庄联合，不改变土地的集体所有属性，开发区依然能够办起来。政府要服务，而不是越俎代庖。

4.6.3 农村集体可以、有能力主导自己的城市化

珠江三角洲以村镇为主导的农村工业化是建立在集体土地基础之上的（丛艳国、魏立华，2007），这种工业化反映在空间上便出现了由农民主导的“实际发生着的城市化”，尽管称呼上那里的建制有时候还是“农村”，居民还被称为“农民”。例如，1992 年《人民日报》刊发了以“雁田市”为标题的文章，描写了雁田村里的“市貌市容”、“市政市情”和“市民市长”，发出“这哪还有‘村’的影子呢？！”的惊叹，称雁田村这样新崛起的新“市”在珠江三角洲还有千百个。①

在城市地理、城市规划的文献中，不少研究以中国的珠三角、江苏为例，探讨以广大小城镇为载体、与乡镇工业发展同时实际发生着的城市化现象，并提出了“自下而上的城市化”（Urbanization From Below）概念框架，指出这种城市化模式具有鲜明的特色（Ma and Fan，1994；崔功豪和马润

① 吴长生、蒋亚平：《“雁田市”》，《人民日报》，1992 年 7 月 2 日，第 2 版。

潮,1999;Shen and Ma, 2005; Lin, 2006)。这类观点代表了中国城市地理研究者的声音及其与主流地理界的争辩(吕拉昌等,2006)。不过,这类文献在重视“实际发生着的城市化现象”中的乡镇企业时,未明确区分村办与镇办企业,进而忽视了集体土地在其中的作用。Po (2006)指出,土地市场以及农村合作经济自下而上的制度试验在重塑珠三角的社会经济结构上发挥了关键作用,但有关的英文文献“严重地忽视了这一过程”。两个独立的调查研究——北京村庄制度变迁研究组对北京城郊郑各庄村的调研和陕西省城市经济文化研究会对西安市未央区三桥街道和平村的调研,不约而同、十分生动地将这一现象命名为“集体土地上长出的城市”(刘守英,2008;陕西省城市经济文化研究会,2008)。

当前,城市化水平成了一个重要的政绩指标,城市化几乎完全由政府主导。政府大规模征收土地,建开发区,进行“圈地”、“造城”运动,在“以土地换保障”、“以土地换市民身份”、“新农村建设”等似乎优待农民的旗号下,通过“统筹土地”、“宅基地换房”等做法,使大量农民在失去承包地之后又失去了宅基地,集中居住、集中上楼,失去了自身可持续发展的基础。正如周其仁(2001)指出的那样,城市化是经济要素在空间积累、集中过程中的一个副产品。农村集体、农民有能力自己主导工业化和经济发展,这种自下而上的工业化和经济发展带来的城市化与政府自上而下规划、“造城”形成的城市化相比,是可持续的、和谐的。

4.6.4　可以进一步调查和解释的问题

东莞由村经营集体土地、启动工业化、发展集体经济的道路不是个别的，在珠江三角洲比较多，在我国其他地区也不少。不过，东莞的村集体在土地经营的规模和深度上要远远超过其他地区。东莞市地方志办公室指出，东莞编修村志、体现改革开放20多年来三农的变化，着重突出的就是集体土地——"关注土地所有制变革。东莞的改革，没有以牺牲农民的利益为代价来换取改革的速度。东莞的农业生产关系变革没有仅仅停留在联产承包责任制上，而是随着农村工业化、城市化的繁荣，随着土地的大幅增值，土地转换成了资本，农村的股份经济联合社应运而生，原来持有土地的农民成了股民，土地按股分红，确保了广大失去土地的农民的利益。这种土地所有制的变革是历史性的变革，是农村工业经济发展的必然结果，既是旧的体制的继承，也是一种创新。"①

一定程度上，村庄进行农地转用开发、经营集体土地、主导工业化和经济发展在塑造东莞经济发展模式的同时，提升了农民的福利水平，也塑造了东莞特殊的土地利用模式。这种农地转用开发模式与以长三角城市为代表的市、县政府大规模征收土地的开发模式形成了鲜明的对比。为

---

① 潘朝明、刘念宇、刘丹：《东莞市村志编修刍议——兼谈〈油甘埔村志〉》，载陈强编：《2007广东省地方志理论研究优秀论文集》，岭南美术出版社2007年版，第155—164页。

什么东莞的农地转用开发模式会是这样的,而长三角城市是那样的? 为什么在同一部《土地管理法》之下,长三角和珠三角、东莞之间的农地转用开发模式有那么大的差异,这种差异对于地方经济增长会有什么样的影响,对于农民收入有多大的影响?

第5章 经济发展的主导者与农地转用开发模式——苏州和东莞的比较

浦东新区原来不是一张白纸,我们不能想画什么就画什么,这个概念首先要转变过来,要认识到我们是在一个经过长期的公社制度、多年的改革开放、乡镇企业发展较好的基础上画画。……我知道浦东新区除了享有其他特区都有的优惠政策,还有中央另外给的新政策。这些政策不是从原底子上长出来的,是根据其他开发区的经验制订出来放到浦东新区的……它们是与浦东农村的经济基础突然碰上的。而与这两种体制相遇的是同一些人,他们不是别的地方新来的人,而是祖祖辈辈生活在浦东的当地人……农民最初以为他们被划入开发区,外国的大企业进来了,他们可以发财了。可是,开发区和大企业开始运行了,他们的就业问题没有解决,而且土地也被收去,每月领200多元钱,一比较上海市区的人,他们的思想马上就发生变化,对新制度看法就出来了。……不能穿了新衣服,旧衣服就扔掉了,我们要考虑从旧衣服变成新衣服,换句话说,乡镇企业这个力量还得用。就全国来讲，也不可能都成为浦东开发区一样的以外资为主的企业，因此还要考虑如何依靠这批原有力量。[1]

——费孝通

5.1　问题的提出

前文第 3 章讨论了大多数地方政府在“城市经营”、“经营城市”时从农村大规模征地、建开发区以实施工业用地价格补贴、进行土地资产的“资产组合”行为，第 4 章以东莞为例，介绍了东莞各地由村庄经营集体土地、主导工业化和经济发展的土地利用模式。将两者放在一起，容易看出二者的鲜明对比——在土地开发的主体上，一个是地方政府，一个是村庄；在土地开发的获益者上，前者主要是地方政府，而在后者，村民获得了租金收入，地方和中央政府获得了由村庄土地开发吸引来的投资企业缴纳的各种税费收入。那么，为什么不同地方之间的农地转用开发模式会有那么大的差异呢？为什么在同一部《土地管理法》之下，以长三角城市为代表的市、县政府实行大规模征收农村土地、建开发区的开发模式，而

① 费孝通：《再话浦东》，载费孝通：《行行重行行 · 续集》，群言出版社 1997 年版，第 240—249 页。

东莞则是由村庄主导、自己开发集体土地呢？长三角城市和东莞之间的农地转用开发模式有那么大的差异，这种差异会塑造不同地区的不同经济增长方式吗？这种差异对农民收入有多大的影响呢？本章尝试通过对苏州和东莞的比较分析，回答以上问题。

不少学者对苏州和东莞进行了比较研究，看这两个城市与外资、台商的关系以及经济发展、城市扩张的异同，如王缉慈等（2003）、孙肖远（2004）、金心异、希密（2004）、Airriess（2008）等。近年来，经常在长三角和珠三角地区进行台商田野调查的一些台湾学者也发现，苏州和东莞的土地产权体制及其与经济发展的关系有相当大的差异（杨友仁、王鸿楷，2006；Yang and Wang，2007a，2007b；徐斯俭、吕尔浩，2009）。对于这一有趣的"横截面"现象，Yang 和 Wang（2007a，2007b）试图回答"在同一部《土地管理法》下，为什么苏州和东莞这两个地区的农地转用、土地开发模式差别那么大"的问题。不过，虽然这些研究提供了一些典型事实，提出了一些颇有启发的意见，但可能是欠缺对当地历史和现实的认识，他们的设问本身就存在很大的问题，所作的解释也难以使人信服。

在改革开放后的苏州农村地区，土地开发的形式可分为三种：一种是乡、村企业用地。由于村一般都缺乏足够的资金，土地又隶属自己经营、管理，因而往往不费一点代价就圈地而建，用来发展村办企业，企业在村、组内招职工。第二类是乡、村直接把土地给个人，个人有的一次性支付土地使用费后兴建饭店、宾馆、旅社或家庭工厂，有的每年向所在的村、组交纳土地使用费。第三类是三资企业用地，大多数三资企业每年向土地所在村、组交纳土地使用费，也有一些村以土地入股参与经营，年终按股分息（施惠忠，1997）。后来，大致除了80年代中期以后的昆山和90年代初几个国家级开发区一般采取出让方式外，这三种土地开发的形式依旧十分普遍。而Yang和Wang（2007a，2007b）观察到的苏州地方政府大规模征地、大搞开发区建设的现象，是90年代中期以后才集中出现的。之前，苏州的农地转用开发模式类似于东莞，最多只有程度的差别。[①] 如果能够掌握并充分考虑这样的演变经过，或许比较恰当的提问是：为什么苏州的农地转用开发模式在90年代中期发生了那么大的变化，而东莞却大致沿袭原来的农地转用开发模式？

5.2　苏州的经济发展与土地转用开发模式

5.2.1　苏州乡镇企业的起步

苏州在历史上一直是江南经济最繁荣的地区之一，是全国丝绸生产

① 当然，在20世纪90年代中期以后的苏州，农村集体主导的土地开发行为并没有完全销声匿迹。例如，郑江淮等（2007）调研苏州新农村建设时，提到了那里的物业股份合作社或社区股份合作社，农民集资或村集体盖标准厂房、集体宿舍楼出租；国土资源部土地利用司调研组（2002）发现，截至2000年6月底，苏州市进入市场流转的集体建设用地面积超过10万亩。

的一个中心，刺绣、雕刻等各类工艺美术品和棉纺织、造船、造纸、眼镜、酿酒等手工业皆名列全国前茅。从农业中孕育出来的郊区乡村工业（社队企业）起步于1958年，短期内兴办工厂195家，有农机、化肥、饲料、砖瓦、水泥、制糖、刺绣等31项。20世纪60年代初，农村发挥下放回乡职工的一技之长，陆续办起一批小工厂，同时依靠城市部分工厂支援的旧设备，使社队企业初具规模，1965年有各类企业69家，总产值455万元，务工社员4827人。20世纪70年代初，鉴于粮食大幅度增产，而农民收入每天仅0.36元，加之一些土地被征用、城市知识青年大批下乡造成了日益突出的人多田少矛盾，办厂热潮再度兴起。为统一社队工业管理，苏州市农业局1972年建工业组，健全了办厂、产品、营业等审批手续，使社队企业办工业步入正轨。1973年苏州有社队企业151家、职工14257人，工业总产值2409万元。此后，社队企业的发展得到了苏州市政府的多方扶持，计委动员市区工厂提供物资、设备，供应部分原材料，产品纳入国家商品销售计划，农业局建立销售经理部，安排原料和产品进销。1976年，苏州市社队的工业总产值增至4147万元，利润626万元。①

20世纪70年代末，为加快农业机械化步伐，苏州6县（市）相继发展农机工业和建设四级农机维修网，使社队工业的机械加工能力大为增强，基本做到“小修不出村，中修不出乡，大修不出县”。随后，中共苏州地委

① 苏州市地方志编纂委员会：《苏州市志》第二册，江苏人民出版社1995年版，第1、19、703页。

提出“四服务”(为农业生产服务、为城市工业服务、为人民生活服务和为外贸生产服务),为社队工业的发展进一步拓展了更为广阔的天地。1982年,中共苏州地委提出“站稳脚跟,提高效益,健康发展”的指导思想,辖内6县(市)抓住国家鼓励发展横向经济联合的机遇,发动和组织社队企业发挥“四千四万”(千山万水、千言万语、千辛万苦、千方万计)精神,走向城市、走向军工企业、走向工业原材料重要产地,与城市国营企业、军工企业、大专院校和科研单位建立各种形式的经济联合,到1985年与全国20多个省、市建立了各种形式的横向经济联合3000余项,建成各种联合企业2000多家,引进了大量资金、技术、装备、产品和人才,使乡镇工业企业的规模和实力得到了较大发展。1985年,6县(市)共有乡镇工业企业13208家、职工总数102.78万人;固定资产原值21.94亿元,工业产值88.01亿元,销售收入71.45亿元,181家乡镇骨干企业年产值超过500万元,21个乡(镇)工业产值超过亿元。① 1987年乡镇企业在全市工农业总产值中占半壁江山,1988年在全市工业中“三分天下有其二”;1991年全市乡镇企业完成产值441.35亿元、销售收入309.9亿元,完成外贸直接交货额44.77亿元,占全市外贸出口总额的55.55%(王荣等,2007)。

① 苏州市地方志编纂委员会:《苏州市志》第一册,江苏人民出版社1995年版,第152页。

5.2.2 苏州乡镇企业的经营管理

"苏南模式"本质上是一种政府超强干预模式、地方政府公司主义模式、干部经济模式、政绩经济模式、干部资本主义模式。[①] 早期苏南的大部分乡镇企业是由乡镇政府"或者利用原有的集体积累,或者利用政府的动员力量,或者由政府出面向银行贷款兴办的"[②],政府作用相比其他地区较为强大,"县乡干部是企业的实际决策人"[③]。据当年苏南创办水泥制品企业的一位老厂长介绍,基层政府多数是乡镇企业发展资金的(间接)提供者、管理者、风险承担者,"当时办企业,厂长是上级任命的,厂会计人员也要报上级备案,就连雕刻企业公章也要乡政府(当时称公社)开出介绍信(前置批准),再到县级公安机关审批后到指定的雕刻厂雕刻。当时村办企业仍叫副业,只是有了一定可观的收益后,乡镇政府才上收大集体,规模进一步扩大"。[④]

在苏南模式的典型代表——苏州,乡镇企业的"官办"色彩浓,行政干

---

① 新望:《苏南模式的终结》,生活·读书·新知三联书店 2005 年版,第 285 页。

② 洪银兴、陈宝敏:《苏南模式的新发展——兼与温州模式比较》,《江南论坛》2001 年第 8 期,第 13—15 页。

③ 朱通华、孙彬:《苏南模式发展研究》,南京大学出版社 1994 年版,第 156 页。

④ 叶勤良:《制度变迁中的政府行为研究:以苏南模式为研究对象》,载刘晔主编:《城市治理与公共权力:边界、责任与合法性》,上海辞书出版社 2005 年版,第 80—91 页。

预大,许多乡的党政领导成了乡镇企业事实上的决策人和经营者。[①] “文化大革命”结束后,面对苏州农村对发展社队工业日益迫切的愿望,苏州提出“农副工综合发展”新思路,在全国领先一步部署促进社队工业发展的工作,并决定将200个原县属集体企业划到各乡镇,以增强社队工业的整体实力和发展能力。1977年12月底,苏州地委召开了全区社队工业工作会议,要求各级党委要把发展社队工业的工作列上重要议事日程,在党委的统一领导下,建立健全地、县、社三级主管机构,加强对社队工业的管理,并提出了第二年的奋斗目标和任务,要从高速度发展农业生产出发,大力发展社队工业,增长速度要达到30%至50%。1979年1月地委、行署召开社队工业工作会议,讨论通过了《中共苏州地委关于社队工业若干问题的规定》,明确要求“各级党委要真正把社队企业抓在自己手上,像抓农业一样抓好社队企业,保证农副工综合发展”,“各县要从上到下强化社队企业一条线管理”,采取“社队工业的产供销必须逐级纳入各级计划”的措施扶持社队企业的发展。[②] 政府担保或直接向金融机构贷款和向社会集资是苏州乡镇企业的重要资金来源,政府还将劳动力、土地以行政调拨方式配置于工业企业,直接任命企业的经营班子,直接分配和使用企业

① 王国祥、徐伟荣、石恂如:《试论“苏南模式”》,《农村经济》1987年第4期,第13—15页。

② 苏州市经济贸易委员会、苏州市乡镇企业管理局、中共苏州市委党史工作办公室编:《苏州乡镇工业》,中共党史出版社2008年版,第4页。

的利润（张建英，2009）。在著名的江村——苏州吴江开弦弓村，据村干部介绍，村办企业是大队和后来的村委会在县乡政府的组织之下、以政府力量为后盾、由村领导班子组织和操办起来的，行政力量主导或直接参与，解决资金、用地、组织劳动力等，有的企业甚至是在村干部处于很被动的状态下硬是由乡镇政府催办、帮办、压着办起来的。①

管理机构上，1972 年苏州市农业局设工业组，1976 年苏州专员公署和各县建立第二工业局，各公社建立工业办公室，1981 年地、县两级第二工业局更名为社队企业管理局，1984 年定名为乡镇工业管理局，同时建立供销经理部服务乡镇工业的供销工作，乡镇一级设立经济联合委员会，村一级设立经济合作社。② 随着早期全面组建的乡镇经济联合委员会功能日趋弱化，大量具体的经济组织和管理工作都落到了党委、政府身上；1991 年 6 月底，苏州基本完成乡镇农工商总公司的组建工作，总公司作为乡（镇）级集体企业财产所有者的代表，在乡镇党委、政府的直接领导下开展工作，掌管所属企业的经营、资金、财务、任免、奖惩等；③农工商总公司

---

① 薛和：《江村自治：社会变迁中的农村基层民主》，江苏人民出版社 2004 年版，第 53—54 页。

② 苏州市地方志编纂委员会：《苏州市志》第一册，江苏人民出版社 1995 年版，第 153 页。

③ 艾云航：《进一步理顺乡镇集体经济管理体制——苏州市乡镇农工商总公司组建运转情况调查》，《中国农村经济》1992 年第 2 期，第 42—45 页。

直接和村经济合作社打交道,再由村经济合作社管村办企业。[1]

5.2.3　办开发区、招商引资的新路

苏州昆山原本是个农业县,工业基础相当薄弱,在80年代中期苏州六县经济排序中排名最后,被称为“小六子”。[2] 随着“分灶吃饭”财政体制的实施,行政性放权、市场化改革步伐的加快,昆山的政府官员有了强烈的发展本地经济的动机。1985年年初,昆山在老城区东侧划出一块土地,创造性地自费办开发区。由于没有国家正式授权,昆山面临的最大困难是没有特殊的优惠政策、缺乏国家专项启动资金等。1986年秋以后,当时的江苏省委书记、省委副书记、省长等先后到昆山视察,肯定了昆山的做法。昆山政府抓住这个机会,从省里获得了有偿转让国有土地使用权的特殊政策,在江苏省内率先试行国有土地使用制度改革,向国内外客商有偿出让国有土地使用权,开辟了一条筹措资金、启动开发区运作的重要渠道;还立即打征地报告到省里,把开发区从3.75平方公里扩大到了6.18平方公里。1992年8月国务院批准昆山的开发区为国家级经济技

① 思仁:《乡镇企业制度结构及其改革——对苏南地区和胶东地区的考察》,《马克思主义研究》1995年第3期,第68—75页。

② 中共江苏省委宣传部、中共江苏省委研究室:《全面小康建设看昆山》,江苏人民出版社2006年版,第150页。

术开发区之后,昆山政府为保持和加强其在与其他国批开发区竞争中的有利地位,进一步加大了制度创新的力度,其中一大措施就是加大有偿转让国有土地使用权的力度(杨瑞龙,1999)。

随后,昆山开发区建设从“小开发”走向“大开发”,突破了6.18平方公里的局限,把触角伸到了全市,与全市20个乡(镇)经济小区融为统一体,1993年在新拓展的14平方公里区域内实现了“四通一平”。[①] 到1992年年底,昆山全市有偿出让地幅137宗,计1426.4万平方米,居全省第一,出让地域由原来的经济技术开发区延伸到17个建制镇。而土地有偿出让收入成了当地经济建设的重要财源,仅1992年,昆山市土地有偿使用合同出让金、土地开发费达17亿元,大大超过了地方财政收入。[②] 与这一发展历程相一致,如图5-1所示,1991年之前,昆山每年的征地面积还比较小——在1986年之前,每年的征地面积都在1000亩以下;1986—1991年,每年的征地面积几乎都在3000亩以下;但从1992年起,昆山每年的征地面积几乎都在10000亩以上——1992年为15788亩,1993年为9406亩,1994年为18493亩,1995年为13333亩。

与此同时,昆山经济得到了快速发展,国民生产总值从1980年的

---

① 杜立新、何光耀:《不断延伸的自费开发之路——昆山经济技术开发区纪实》,载孟焕民主编:《崛起的热土:来自苏州各级开发区的报告》,上海科学普及出版社1994年版,第63—71页。

② 王道群、汤志轩:《浅谈昆山市土地使用制度改革(1993)》,载朱洪才主编:《昆山改革纵横:搞活县域经济的探索》,改革出版社1998年版,第128—135页。

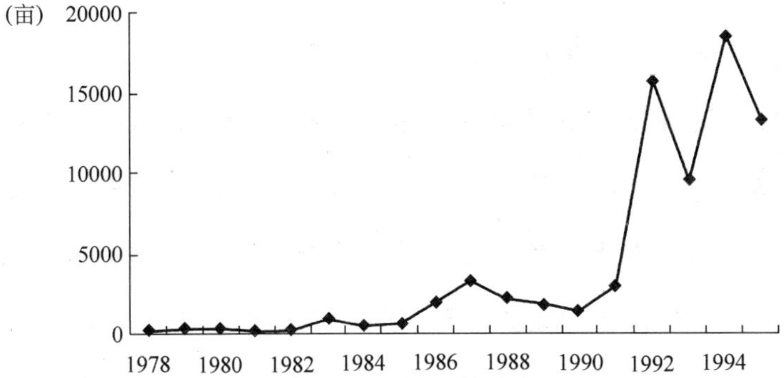

图5-1　苏州昆山市的征地面积:1978—1995

数据来源:《昆山市土地志》编纂委员会编:《昆山市土地志》,上海科学技术文献出版社1998年版,第137页。

3.02亿元上升到1994年的83.83亿元,增长了26.76倍;人均国民生产总值从1980年的579元上升到1994年的14532元,增长了24.09倍;工业总产值从1980年的3.6亿元上升到1994年的260亿元,增长了71.2倍;外商投资额从1984年的150万美元上升到1994年的115604万美元,其中1994年合同利用外资15亿元,占全市合同利用外资总量的44%,中外合资项目外方出资的比例达到91.1%,名列全省第一。①

1992年邓小平视察南方发表重要讲话之后,苏州的开发区建设全面启动。而"昆山之路"为苏州全市各地酝酿和构思开发区拓宽了视野和思

① 刘维新:《中国昆山的崛起与可持续发展》,科学出版社1995年版,第1、100、102页。

路，并提供了宝贵的经验①，带动了苏州所属各县级市，几乎所有市都建立了依托老城区的新经济技术开发区②。在总结昆山自费建设开发区经验的基础上，苏州市委、市政府1993年2月召开了第一次全市开发区工作会议，动员全市上下学习昆山开发区“自费开发”的创业精神，抓住机遇，扎实工作，主动与上海浦东接轨，全面实施开发开放大举措（王荣等，2007），提出了开发区建设的指导思想和目标，把开发区建设放到了前所未有的战略高度，要求各级政府自觉做好与浦东开发开放相衔接的配套工作，力求开发区建设取得突破性进展。③

从那以后，昆山经济技术开发区所开创的自费开发之路成了苏州各

---

①　叶羽、程华国：《开发区建设综述》，载中共苏州市委党史工作办公室、苏州市体制改革委员会编：《姑苏春潮：苏州改革开放纪实》，上海大学出版社1998年版，第319—327页。另外，昆山市政府创造的“政府行政推动，财政拨款启动，土地批租滚动，内资外资联动，市场机制拉动”、建设乡镇工业小区的做法不仅被苏州市采用，还得到江苏省乡镇企业管理局的推广，列入了《江苏省乡镇企业“十五”发展计划》。见江苏省乡镇企业管理局：《江苏省乡镇企业布局调整工作情况》，2002，江苏省中小企业网，http://www.jste.gov.cn:8082/ArticlePrint.aspx?Article_ID=162，2010年3月2日下载；江苏省乡镇企业管理局：《江苏省乡镇企业“十五”发展计划》，江苏省中小企业网，http://www.jste.gov.cn/zjfg/zcwj/1007589.htm，2010年3月2日下载。

②　吴长生：《细微之处识“突破”——从苏州看苏南经济社会新发展》，《人民日报》，1996年4月24日。

③　叶羽、程华国：《开发区建设综述》，载中共苏州市委党史工作办公室、苏州市体制改革委员会编：《姑苏春潮：苏州改革开放纪实》，上海大学出版社1998年版，第319—327页。

级开发区的共同实践①，苏州的开发区建设从 80 年代中期昆山点燃星星之火，到 90 年代以后呈现“燎原之势”，90 年代中期走上了“青云之路”②。1992—1993 年，苏州市连续获得了 5 个国家级开发区的建设批准：1992 年，昆山经济技术开发区、苏州太湖国家旅游度假区、张家港保税区、苏州国家高新技术产业开发区相继被国务院批准，列入国家级开发区序列；1993 年 5 月，苏州市人民政府与新加坡劳工基金（国际）公司签订了合作开发苏州工业园区的原则协议，同年 8 月 12 日，苏州工业园区商务协议在新加坡签署，由新加坡组建 18 家政府控股公司和私人企业参加的规模庞大的联合财团实施园区开发。③ 另外，在 20 世纪 90 年代初，经江苏省人民政府批准，苏州开设了常熟经济开发区、太仓经济开发区、吴县经济开发区、吴江经济开发区、张家港经济开发区、浒墅关经济开发区、太仓浏家港港口经济开发区、昆山旅游度假区、吴江汾河旅游度假区和常熟农业开发区 10 个省级开发区④；截至 1993 年年底，苏州全市的乡镇经济小区

---

① 汪长根、叶羽：《走向现代化的“希望之区”——苏州市经济技术开发区调查与思考》，载孟焕民主编：《崛起的热土：来自苏州各级开发区的报告》，上海科学普及出版社 1994 年版，第 15—31 页。

② 张卫国：《对外开放在苏州》，江苏人民出版社 1998 年版，第 94—95 页。

③ 汪长根、叶羽：《走向现代化的“希望之区”——苏州市经济技术开发区调查与思考》，载孟焕民主编：《崛起的热土：来自苏州各级开发区的报告》，上海科学普及出版社 1994 年版，第 15—31 页。

④ 《苏州统计年鉴 1996》，第 275 页。

累计已达130个①。

昆山由政府较大规模征地、出让土地筹措资金并迅速投入到周围地区的基础设施建设、启动开发区建设、吸引企业进区的运作方法也扩展到了整个苏州市，取代了原本由村庄出租土地或以土地入股与企业合作的方式。1993年，昆山经济技术开发区、苏州太湖国家旅游度假区、张家港保税区、苏州国家高新技术产业开发区4个国家级开发区共批租土地面积6.3平方公里，比上年增加了2.25倍，批租金额2.26亿美元，比上年增加了3.3倍。② 截至1993年年底，7个省级经济开发区累计规划面积为51.5平方公里，实际开发面积为39.5平方公里（其中1993年实际开发33.5平方公里），累计批租面积为3.64平方公里，累计批租金额为4216万美元。③ 截至1993年年底，苏州全市130个乡镇经济小区累计规划面积466.9平方公里，实际开发面积为182.5平方公里（其中1993年实际开发162.5平方公里），累计批租土地面积32.9平方公里，批租总金额为6.66亿美元。④

---

① 程华国：《苏州市乡镇经济小区综述》，载孟焕民主编：《崛起的热土：来自苏州各级开发区的报告》，上海科学普及出版社1994年版，第39—41页。

② 叶羽：《苏州市国家级经济技术开发区综述》，载孟焕民主编：《崛起的热土：来自苏州各级开发区的报告》，上海科学普及出版社1994年版，第32—34页。

③ 叶羽：《苏州市省级经济开发区综述》，载孟焕民主编：《崛起的热土：来自苏州各级开发区的报告》，上海科学普及出版社1994年版，第35—38页。

④ 程华国：《苏州市乡镇经济小区综述》，载孟焕民主编：《崛起的热土：来自苏州各级开发区的报告》，上海科学普及出版社1994年版，第39—41页。

5.2.4 苏州经济发展策略的转变

随着1994年分税制财政体制改革的推行，政府对待乡镇企业的态度有了变化。早期，社队企业、乡镇企业的发展繁荣了经济，帮助农民就业，且经济收益归地方使用。财政部1985年颁布的《关于乡(镇)财政管理试行办法》将上级政府划归乡(镇)财政的乡镇企业所得税纳入乡(镇)财政收入的国家预算内资金部分。[①] 1991年的《乡(镇)财政管理办法》规定"乡财政的收支范围包括国家预算内资金收支、预算外资金收支和自筹资金收支"，乡镇企业上缴乡财政的利润属于乡财政的自筹资金。[②] 这在很大程度上刺激了地方政府发展地方企业尤其是乡镇企业的积极性。同时，由于乡镇企业隶属于地方政府管辖，所以乡镇企业的税收不但几乎全部落入地方政府之手，而且乡镇企业更倾向于将税收"缩水"、向地方政府交纳"企业上缴利润"，作为后者可以更加自由支配、不受预算约束的预算外收入。1994年分税制改革实施之后，所有企业的税收都要与中央分享，而且税收系统独立于地方政府，这导致地方政府能够从企业

---

① 《财政部关于乡(镇)财政管理试行办法》，载全国人民代表大会常务委员会法制工作委员会编:《中华人民共和国法律、行政法规、规章、司法解释分卷汇编·29·经济法卷·财政(一)》，北京大学出版社1998年版，第624—626页。

② 《乡(镇)财政管理办法》，载《中国财政年鉴》编辑委员会编:《中国财政年鉴1992》，中国财政杂志社1992年版，第579—580页。

中得到的财政收入大为减少，办集体企业的热情迅速下降（周飞舟，2006）。

另外，在20世纪90年代前中期，在市场形势转变、乡镇企业技术层次和产权等方面的缺陷以及国家压缩信贷、整顿金融秩序等因素的作用下，苏州市乡镇企业的发展出现了一些问题。如图5-2苏州市乡镇企业工业总产值在经历1991年、1992年的快速攀升之后，增长率在1993年之后连续下降，1996年甚至出现了大幅度的负增长；在乡镇企业吸纳职工人数方面，在1988年达到历史最高的124.19万人以后，职工人数出现了一定的起伏，从1993年起连续数年下降。徐志明、张建良（1997）分析苏州市1980—1994年乡村两级集体企业的财务报表资料，发现企业负债总额在15年间呈超常规增长——1994年年末企业资产负债率高达61.92%，负债总额为451.79亿元，比1980年的6.36亿元增长了70倍，年递增

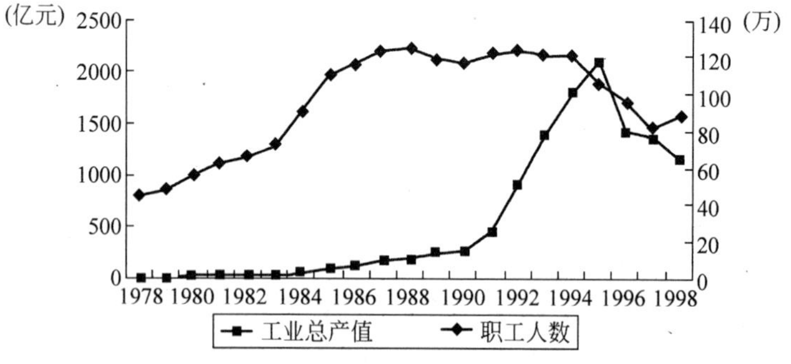

图5-2　苏州市乡镇企业的工业总产值和职工人数:1978—1998

数据来源:苏州市乡镇企业局,转引自王荣等(2007)。

35.6%，而企业积累率呈递减态势；固定资金、流动资金和总资金使用效益不断下降，且资金使用效益低于全国乡镇企业——1993年全国乡村集体企业百元资金创利税比苏州乡镇企业高45.64%。

与乡镇企业效益出现较大滑坡形成鲜明对比的是，苏州的外向型经济开始显得有声有色。如图5-3所示，1991年苏州市实际利用外资仅1.19亿美元，之后实际利用外资金额开始呈现直线上升的态势——1992年跃升到了8.60亿美元，1993年又以近乎翻番的速度增加到了15.09亿美元，1994年、1995年又达到了21.91亿、23.78亿美元的新高。

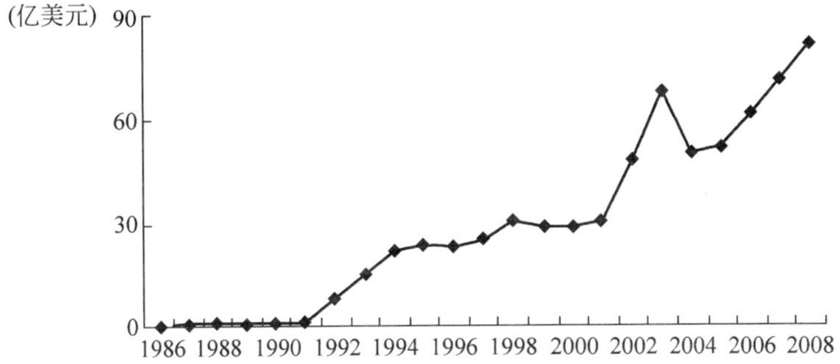

图5-3　苏州市实际利用外资金额：1986—2008

数据来源：《苏州统计年鉴》(2008、2009)。

在乡镇企业出现滑坡而开发区建设和外向型经济大有看头的背景下，一直牢牢把握本地经济发展主导权的苏州市委、市政府对经济发展策略进行了重大调整。而此次经济发展策略的转型几乎是以“昆山模式”为蓝本的（徐斯俭、吕尔浩，2009）。[①] 这一重要的转变表现在1995年、1996年“九五计划”的制定中。1996年1月4日，中共苏州市委印发了《关于制定苏州市国民经济和社会发展“九五”计划暨基本现代化总体规划的建议》，提出将苏州未来经济发展的主要策略从支持农村集体企业转移到发展“外向型经济”，发展开发区、吸引外资企业投资，尤其是大型、高科技外资。[②] 同时，在1996年1月3日和11日，苏州市委两次召开常委（扩大）会议，专题研究苏州工业园区、苏州新区工作，要求把支持园区、新区建设作为1996年经济建设的工作重点抓紧抓好。[③] 随后，在1996年2月底至3月初召开的苏州市第十一届人大第四次会议上，《政府工作报告》在“九五”主要任务和1996年的工作安排中，要求“以加快工业园区和国家级开发区建设为重点，提高对外开放水平。这是今年各项工作的重中之重，也是求得大发展、大建设、大变样的关键”，并大篇幅布置了相关工作，而涉

① 2003年，根据中共江苏省委的要求，苏州把昆山市确定为苏州全面小康社会建设的样板区（中共苏州市委员会，2006）。近年来，江苏省委省政府的领导多次强调学习昆山经验，组织了学习昆山经验报告会，中共江苏省委、江苏省人民政府2005年11月16日发出了《关于开展“学习昆山经验，推进‘两个率先’”活动的通知》，掀起了学习昆山的热潮。

② 《中共苏州市委关于制定苏州市国民经济与社会发展“九五”计划暨基本现代化总体规划的建议》，中国共产党苏州市委员会八届四次全会（1995年），第1—10页。转引自徐斯俭（2004）和徐斯俭、吕尔浩（2009）。

③ 中共苏州市委党史工作办公室编：《苏州改革开放三十年大事记：1978—2008》，中共党史出版社2008年版，第170页。

及乡镇企业的只有寥寥数语；[①]《苏州市国民经济和社会发展"九五"计划暨基本现代化总体规划纲要》描绘了"九五"末期对外开放新格局的蓝图——"工业园区等各级各类开发区积极呼应浦东开发开放，进一步扩宽开放领域，扩大开放的规模，提高开放层次，形成同国内国外经济广泛联系的全方位大开放的格局"，要求通过"积极、合理、有效地利用外资"、"集中力量办好国家级、省级开发区"等，"全方位扩大开放，基本实现经济国际化"，而对乡镇企业仍言之甚少，以"改革、改造、改组和改制"为基调。[②]

这一时期苏州地方政府的经济职能便表现为在大力开展开发区建设、招商引资活动的同时，主导乡镇企业改制（张建英，2009）。1996年，苏州市委、市政府从全市抽调400多名机关干部赴全市各乡镇，指导和调研乡镇企业改革工作，各市（县）、区党委主要领导亲自抓乡镇企业改革，并抽调人员协助市乡镇企业改革调研小组赴各企业具体开展工作。到1997年年底，全市1.2万家镇、村企业中通过多种形式改制、转制的占92%；到2000年，产权制度改革转制面达99%（张建英，2009）。通过对苏州吴江的调查，刘雅灵（2001）指出吴江乡镇企业的改制是"上级政府强

---

① 《政府工作报告——1996年2月29日在市十一届人大第四次会议上》，载苏州市档案局、《苏州年鉴》编辑部编：《苏州年鉴1996》，江苏年鉴杂志社1996年版，第488—499页。

② 《苏州市国民经济和社会发展"九五"计划暨基本现代化总体规划纲要》，载苏州市档案局、《苏州年鉴》编辑部编：《苏州年鉴1996》，江苏年鉴杂志社1996年版，第3—17页。

制之下完成企业产权的私有化”,是“强制完成的经济私有化”。这种经济结构调整和乡镇企业改制使当地的集体经济实体趋向了消解(宋婧、杨善华,2005)。①

同时,苏州各级政府采取大规模征地、建开发区的做法为外商提供投资环境。如图5-4,从1995年到2008年,苏州全市5个国家级、12个省级开发区的已开发面积从1995年的136.84平方公里扩大到了518.96平方公里。其中5家国家级开发区从55.6平方公里扩大到了242.13平方公里,12家省级开发区从81.24平方公里扩大到了284.96平方公里。

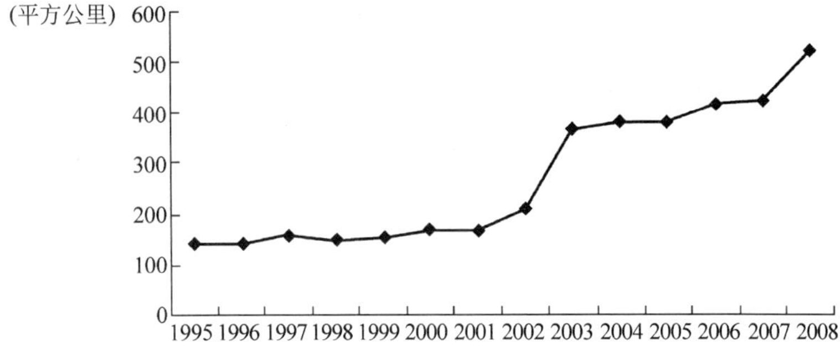

图5-4 苏州市国家级、省级开发区的已开发面积:1995—2008

资料来源:《苏州统计年鉴》(1996—2009)。

---

① 杜志雄等(2004)调查江苏某县100家改制乡镇企业产权改革最主要的原因,发现50家企业是市县统一布置,26家是乡村政府的积极性,1家是企业经营者的要求,23家是政府和企业经营者都有积极性,没有一家是出于企业内大多数职工的要求,指出在江苏的乡镇企业产权改革中,县以上政府出于财政目标的需要,鼓励并主导了乡镇企业产权制度的改革,具有典型的“自上而下”发动的特征。

与这一经济发展模式相一致的是,苏州的城市化也由原来从农村开始的自下而上的自发过程,转变为政府为了工业投资建设用地需要自上而下地规划城市化(郑江淮等,2007)。2001年,苏州市第九次党代会提出"大力实施城市化战略,加快推进城市化进程"的发展思路。2003年4月,苏州首次召开全市城市化工作会议。2003年4月29日,中共苏州市委、苏州市人民政府发出《关于加快城市化进程的决定》,提出"到2007年,苏州中心城市、县级市城区和中心镇建成区总面积比2002年翻了一番,全市城市化率在现有基础上提高10个百分点左右",部署了"积极开展城市经营"的工作。① 在"经营城市"的思想指导下,苏州市和各所属市县级政府开展了规模巨大的城市扩展活动(张建英,2009),城市规划区范围一举达到了2014平方公里左右。李桂林等(2006)利用TM影像解译获得苏州市1984—2003年间的非农用地扩张数据,发现1984—1995年间苏州市非农用地只扩展了2900公顷,年均扩展260公顷;1996—2000年间,非农用地扩展了5800公顷,年均扩展1450公顷;2001—2003年间,非农用地扩展了7400公顷,年均扩展3700公顷。而苏州市的耕地面积以每年10万亩的速度递减,人均耕地从1982年的1.12亩下降至2004年的

---

① 《中共苏州市委、苏州市人民政府关于加快城市化进程的决定》(苏发[2003]21号),http://www.szldbz.gov.cn/ldlsc/sc_content_moduel.asp?id=2916,2010年3月1日下载。

0.78 亩,按人均耕地1亩估算,累计失地农民约200万人。①

5.3 东莞的经济发展与土地转用开发模式

5.3.1 集体土地与最早的"三来一补"企业

1978年,东莞仍是一个农业县,是著名的鱼米之乡和岭南佳果的重要产地,工业基础十分薄弱,只有一些传统的五金机械、烟花爆竹、草织、腊肠等加工厂,全县生产总值只有6.11亿元,财政收入只有0.66亿元。② 1978年7月15日国务院发出《关于颁发〈开展对外加工装配业务试行办法〉的通知》后,东莞各地乡村的农民敏感地接收到了来自市场的信息,利用与香港的邻近关系,自发地利用仓库、影院、村办公室和"三堂"(祠堂、礼堂、食堂)等集体所有的房屋承接来料加工。③

经历了改革开放初期因陋就简、利用仓库、三堂等作为厂房出租给首

---

① 苏州市财政局课题组:《苏州失地农民社会保障制度体系建设调研报告》,《经济研究参考》2004年第94期,第14—21页。

② 东莞市统计局:《数字见证东莞30年发展历程》,《东莞日报》,2008年2月1日,A10版。

③ 具体村庄的例子见第4章。

批外商进行来料加工的阶段，随着资金的不断积累和集体经济实力的日益壮大，东莞各地纷纷“筑巢引凤”——选择条件好的地段建起一批简易的、单个的、分散的小型厂房，同时也出租地皮给外商自建，逐渐扩大了引进外资的规模，并开始筹建工业区（姚锦柏，1997）。

5.3.2　亲缘关系与外商投资

据东莞官员估计，在改革前的几十年中，约有20%的东莞青年偷渡到香港。这些人后来在香港做老板或打工。改革开放后，东莞瞄准这些香港同胞，成立了香港东莞同胞会，鼓励在香港的东莞人返乡进行家乡建设，还动员全民招商，请东莞各地的群众与在香港的亲人联系，劝其回东莞投资，有力的出力，没力的就出关系，覆盖面深入而广泛。[①] 东莞官员估计，在东莞与香港签订的合同中，约50%是与早年逃港的东莞人签订的，许多出口加工合同也是经过在港东莞籍朋友的帮助签订的（傅高义，2008）。回乡办厂的东莞籍港商被费孝通先生称作“推动东莞地方工业经济的第一个‘波浪’”（费孝通，1999）。这种血缘、姓氏联系，或者叫“华人网络”关系共同体，是沉淀在东莞各地农村的一种资源，成了改革开放之后村庄吸引“三来一补”企业投资的一个重要条件。

---

① 舒元等：《广东发展模式：广东经济发展30年》，广东人民出版社2008年版，第78页。

例如，凤岗镇雁田村（村民以邓姓为主）在改革前30年间有3次比较大的逃港行动，累计有2000多人逃往香港。从1982年起，这些跑到香港的邓氏人开始回到自己的家乡投资办企业，还不断利用他们各种各样的关系宣传雁田，鼓励其他香港人也到雁田投资办厂。雁田村的领导人也充分利用这些特殊关系，积极做好各方面的配合工作，使香港商人在雁田的投资不断增加。据统计，由原来从雁田村出去后又回来直接投资的邓氏商人共有20多人，由他们利用各种关系介绍来雁田的香港投资者有100多人，总投资占该村全部外商投资总额的一半多（胡必亮，2005）。

5.3.3　外商投资企业的经营管理

东莞早期的外商企业基本都是原材料和市场“两头在外”的“三来一补”企业，后来又兴办“三资”企业，进行“三来一补”企业的转型等。[①] 由于与外商合作需要相应的技术和管理人才与之配套，且加工费的计算比较复杂，加上中方人员出入境比较不自由，缺乏相应技术和管理的村庄无力参与企业的管理与控制，很难按政策规定的方式合作，便采取“反承包”的做法——外方向村庄租用厂房、土地之后自己经营管理企业，由村庄收

① “三来一补”指来料加工、来样加工、来件装配和补偿贸易，是内地在改革开放初期尝试性创立的一种企业贸易形式，外商提供设备、原材料、样品，并负责全部产品的外销，中方提供土地、厂房、劳力。

租、收费并提供相应的服务。这种做法简单易行，也得到外商的认可和欢迎。[①] 尽管有一些法律法规反对反承包，如1989年4月5日经贸部发布的《对外加工装配业务有关问题的规定》指出，“来我国开展对外加工装配业务的外商可参与加工装配企业的生产管理、技术指导和人员培训工作，或聘请外商管理我对外加工装配企业的生产。但由于涉及到企业的人权、财权、报关、结算、核销等问题，不宜采取外商承包我加工装配企业的方式”，但反承包在实践中却很普遍。原中共东莞市委书记欧阳德指出，东莞“积极协助外商搞好外资企业的经营管理，努力创造有利于按国际惯例运行的企业管理体制。在不违背国家政策法规的前提下，在用工和分配等方面灵活管理，在‘三资’企业允许外商反承包”，将允许反承包看作是东莞创造优良投资软环境的一个重要环节。[②]

在反承包之后，企业的全部管理权（包括用工、财务、报关、结算和核销等）都归外方，中方完全退出了管理，收取反承包金。东莞当地的官员总结道：“无论是兴办‘三来一补’企业，还是兴办“三资”企业，我们都是以土地出让、厂房出租、劳务输出为主。虽然我们派出了‘五大员’[③]、‘三大员’进驻‘三来一补’和‘三资’企业，但这些人员并没有真正参与企业

---

① 李秋阳：《东莞经济发展道路的探索与思考》，载林举英主编：《求真集：“十五”期间东莞党校教学人员科研成果选》，中共市委党校2007年版，第192—199页。

② 欧阳德：《东莞：坚持对外开放，发展外向型经济》，载中共广东省委办公厅编：《广东改革开放启示录》，人民出版社1993年版，第92—101页。

③ 即厂长、会计、出纳、仓管和报关员。

的生产经营管理；虽然我们兴办了一大批‘中外合资’、‘中外合作’企业，但也大多是以土地、厂房作价形式的合资合作，最后又反承包或转让股权给外商。这些企业的生产、经营、管理以及发展策略完全由外方操纵。”① 例如，在东莞市凤岗镇雁田村，“三来一补”企业的生产设备和流动资金投入均由外商负担，外商管理生产的全过程和产品的销售，中方仅向外商提供厂房等与生产有关的不动产，这样的“三来一补”企业实质上是具有外商独资性质色彩的企业；而合资企业虽然叫“合资企业”，在经营管理上却采用了反承包的方法，企业经营管理完全由外商掌握，外商根据事前签订的合同，按合同向中方交纳反承包金，从而在经营管理上取得了与“三来一补”企业相同的权利（王晓毅等，1996）。

5.3.4 集体土地的开发

东莞的“三来一补”从一开始就与农民、农村集体和农村集体土地捆绑在了一起。村民通过亲缘关系引进港资“三来一补”企业、在村里的集体土地上进行生产的发展模式成了东莞经济起飞的起点。而东莞市一级政府也简政放权，强化镇（区）一级的管理职能，发挥镇、村、村民小组的积

---

① 张顺光：《加快产业结构调整 提高对外开放水平》，载中共东莞市委政策研究室编：《谋事之基　成事之道：2005 年东莞市重要调研成果》，广东科技出版社 2006 年版，第 113—118 页。

极性，在将外经贸、固定资产投资、工商行政管理、劳动人事管理等方面的审批权、决策权下放的同时，也将土地开发管理方面的权限下放（欧阳南江，2003）。在后来“三来一补”和“三资”并举、台商投资东莞以及台、欧、美、日资企业转移IT制造业等时期，洗脚上田的农民和农村集体在实践中、在与外商合作的过程中，不断地学习、提高，在完成初期积累的基础上，依靠自己的力量，投资基础设施，修建标准厂房，改善投资环境，进一步强化了自身在经济发展中的主导地位。

在东莞，目前集体土地的典型开发模式是：村收回承包到户的土地，统一开发和管理；在办理农用地转用手续、取得土地非农建设的许可后，由村将集体土地一定年限的使用权出租给投资者，或在集体土地上修建工业厂房出租给投资者，村收取土地转让费、厂租、地租、工缴费、土地管理费等；村集体成立股份经济联合社，经济联合社根据章程，先从包括各类土地收入在内的经营收入中提取积累，然后向村民分红。因此，在东莞，从广大村民到村干部，再到城市居民以及政府工作人员，大家都很清楚土地对于集体经济的重要性。而且，正如2002年之前一直在东莞篁村当村干部的现任广东宏远集团董事长陈林所说，“土地放着不用迟早会被征用，你不发展别人就发展”①，东莞的农民、农村集体对于开发土地有明显的主动意识。

① 潘少婷、伍雪平：《乡镇企业撑起“半壁江山”》，《东莞日报》，2008年2月1日，T7版。

5.4 为什么两地的土地转用开发模式不一样?

地方性制度安排是对全国性制度安排的具体化和补充。这种制度安排之所以不可缺少,原因在于我国幅员广阔,地区差别很大,全国性的一般制度规定虽然具有总体上的指导意义,但往往不完全具有实际的可操作性,需要地方性的制度规定来加以补充(郑红亮、詹虹,1996)。冯兴元(2001)指出,中国地广人多、各地情况千差万别、发展路径各异,决定了经济学者必须避免对国情一概而论,整体描述或者借助均值进行描述易于流于空洞无义,应在经济分析中因区域而论,采取何梦笔提出的“地方主义”分析范式。但是,到底是什么造成了不同的地方性制度安排?为什么20世纪的80年代东莞和苏州的农地转用开发模式差不多,到90年代却变得那么不一样?为什么村庄在90年代中期以前的苏州农地转用开发中扮演了重要角色,90年代中期以后却几乎没有发言权,而东莞却大致沿袭了原来的农地转用开发模式?

分析单位的选择是重要的。许多学者在认识基层政权的角色和行为特征时,都没有把乡镇政权和村级组织加以区分(杨善华、苏红,2002),有的还直接将村级组织称作“村政府”。[①] 但是，在讨论具体问题，尤其是与土地所有权相关的话题时，对乡镇和村庄的区分就是必要而又关键的了。另外，只有为数不多的研究有意识地对乡镇办和村办乡镇企业进行了区分。罗小朋(1989)十分有见地地指出，乡办、村办、小队办、农户办(包括联合体和个体)企业表现了一个从公有到私有的企业等级序列，它们隶属于不同的行政级别，使这种序列的等级意义进一步得到了强化。折晓叶、陈婴婴(2005)指出了对镇办和村办企业从社会性质上加以区别对于理解社区集体产权的重要性——镇办企业不带有社区母体的社会关系的典型特征，其收益与区域内的农民没有直接关联，农民难以对它形成稳定的社会期待，而村办企业原始积累阶段所利用的土地和劳力乃至某些启动资金都直接取自社区，其收益主要是在企业与村集体组织及其成员之间分配。[②]

正如下文将呈现的，政府与农民的关系、政府与乡镇企业的关系、农民与乡镇企业的关系，在苏州和东莞有着显著的差异。土地制度、乡镇企

---

① 例如，彭玉生比较“村、镇和市三个层面政府所有企业的生产效率”(the productivity performance of government-owned enterprises at the village level, township level, and municipal level)时，乡镇企业是“镇、村政府所有和运营的农村企业”(rural enterprises owned and operated by township and village governments)，其主要观点则被译为“村镇政府即公司”(Peng, 2001; 丘海雄、徐建牛，2004a)。

② 从这个角度看，“社队企业”或“乡村企业”从字面上能够涵盖乡镇办和村办的企业，比“乡镇企业”更确切。

业、城乡关系、政府与农民的关系等相交织，塑造了苏州和东莞完全不同的农地转用开发模式和经济增长方式。

5.4.1 苏州

苏州乡镇企业的官办色彩和政府控制体现在乡镇企业的层级上。根据《苏州统计年鉴》提供的数据，按乡、镇政府和村民委员会建制，1990 年苏州有 166 个乡、镇和 3371 个村，1995 年有 158 个乡、镇和 3332 个村，村的数目稳定在乡、镇的 20 倍以上。① 但是，如表 5-1，改革前后苏州市村办工业企业数一直维持在乡、镇办工业企业数的 1 倍多到 3 倍出头的状态，而村办工业企业的工业总产值一直小于乡、镇办工业企业。陶友之(1988)的统计也发现，在早期苏州农村经济中，队村两级占大头，如 1978 年队村两级集体经济比重合计为 59.5%，乡一级只占 27%；但到了 1986 年，队村两级集体经济比重下降到了 43.6%，而乡一级集体经济的比重提高到了 41.6%。而且，这种农村乡、村、队三级集体经济比重的重大转变在当时的苏南十分普遍，集体经济由"宝塔形"转变为"倒宝塔形"结构。②

---

① 《苏州统计年鉴 1996》，第 80 页。

② 高培础等(1985)对苏州市不同农业类型地区劳均产值在 3000 元以上的几个乡、村的调查发现，农村大批劳动力向工副业转移，昆山县陆扬乡 1983 年全年总收入 3982.21 万元，工业收入占 76.9%，总收入中乡级收入占 60.6%，村级收入占 17.6%，生产队级收入占 16.9%，社员自营收入占 4.9%。

表5-1　苏州市乡镇办、村办工业企业概况:1962—1995

年份	工业企业单位数(个)			工业总产值(亿元)		
	乡、镇办	村办	村/乡、镇(%)	乡、镇办	村办	村/乡、镇(%)
1962	173	—	—	0.28	0.03	11
1975	841	—	—	2.78	1.50	54
1978	3044	5813	191	8.29	5.13	62
1980	2172	5913	272	16.14	11.67	72
1985	3300	10252	311	67.13	51.92	77
1990	3804	10477	275	204.12	143.92	71
1991	3639	10251	282	277.91	163.79	59
1992	3745	10468	280	563.50	322.93	57
1993	3640	10905	300	768.67	611.07	79
1994	3642	9640	265	1013.26	780.19	77
1995	3456	8401	243	1084.93	913.42	84

注:工业总产值按1990年不变价计算,原口径。

资料来源:《苏州统计年鉴》(1996)。

与东莞只为外商提供生产的场地和相关服务不同,苏州的乡镇企业,或加工由上海大厂委托的配件,或与上海等地的工厂进行横向联合,或模仿生产上海工厂的产品,都要有自己的技术、员工和管理者,都需要跑原材料、搞生产、找客户。而且,苏州乡镇企业在20世纪90年代中期以前得到较好发展的一个关键是与国有企业、科研院校等进行横向联合。杨建伟等(1992)根据对苏州市718家年产值500万元以上的骨干乡镇企业的调查,发现从1985年到1990年,苏州423个进行横向联合的乡镇企业的联合对象，从地域分布上看，省外的占 51.2%，苏州市内的占 31.9%，市外省内的占 16.9%，呈现出以上海为主、以国营企业为主、以联进为主的特点。如此高层级的横向联合，需要较高层级政府机关的牵线，乡镇企业内部也需要具有一定知识和技能水平的人才与之配套。这可能是苏州的乡镇企业以乡镇级工业企业为主、乡镇级企业比村级发展得好的一个重要原因。

另外，苏州的乡镇企业以乡镇办为主可能还有意识形态与制度传统相交织的作用。在同样处于苏南核心区且在 1983 年之前隶属于苏州地区的无锡县（现属无锡市），乡镇工业在 1984 年也曾出现过“五个轮子一起转”（乡、村、小队、联户和个体齐办工业），但由于意识形态以及县乡镇工业一开初主要集中在乡、村两级的制度传统，县领导在 1985 年采取了果敢的措施，限制小队、联户和个体办工业企业，控制住了“五个轮子一起转”，恢复到了原来以乡和村办企业这两个轮子为主的局面（郑红亮、詹虹，1996）。

总之，苏州的乡镇企业以处在政府直接控制之下的镇办企业为主，而村办企业较少、较小，且村办企业受政府的控制也较大，其产供销、资金、用地、劳动力组织乃至是否开设都受到政府力量的影响乃至主导和直接参与，其发展、竞争力也在很大程度上来自政府的扶持。可以说，改革开放以来，从直接兴办和发展乡镇企业到主导产权制度改革，从开发区建设到招商引资、从城市化到城乡一体化，苏州地方政府都起着主导作用（张建英,2009)。与周其仁(1994)对国家在20世纪50年代剥夺农民私有权的分析相类似,在发展乡镇企业的好处不再那么多、乡镇企业效益出现滑坡的时候,居于主导地位的苏州当地政府有比较大的选择空间——对乡镇企业进行强制改制,按看起来前景不错的昆山模式大规模征地、建开发区。而市、县政府的决策已定,基层乡镇"一面承受着来自上级政府要求维持经济发展速度的压力,另一方面要对付来自陷入困境中的企业的各种麻烦",最终"乡镇党政领导人与企业的厂长经理们共同推动这场产权变革"(邹宜民等,1999)。对村来说,由于力量薄弱,很难有讨价还价的空间,只能顺从。①

于是,苏州的农地转用和土地开发走向了政府主导的大规模征地、建开发区的模式。而且,政府不仅限制企业使用新的集体土地,还"为了集约利用土地",把原本在村里办厂、使用存量集体土地的企业集中搬迁到市、县办的开发区、乡镇办的工业小区去。例如,按照发展规划,中新合作开发的苏州工业园区要在核心区70平方公里范围内实行土地清空转让,

---

① 笔者只能找到近年的村级资产和收入数据。截至2004年年末,苏州村级集体经济组织净资产为131亿元,虽比上年增长10.9%,但总体实力已明显下降,尤其是贫富严重不均,大多数村只能维持日常开支,有的甚至已演变成集体经济薄弱村(顾杰、金玉林、卢水生,2006)。2006年年末苏州全市村级集体经济总收入为37.53亿元,村级集体可支配收入28.55亿元,平均每村197.44万元,全市772个村级单位中117个村可支配收入超过500万元,30个村超过了1000万元(王荣等,2007)。与之相比,2006年年末东莞市村组两级集体资产总额为998.3亿元,净资产752.7亿元,村级可支配收入(扣除土地物业转让纯收入)162.92亿元,其中超1000万的村有350个,超5000万的村有59个。

涉及动迁农户6万人，截至1998年8月底，核心区13平方公里已全部清空，共动迁农户4299户，企业164家，拆除房屋总计125.66万平方米。① 在苏州新区枫桥镇，随着苏州新区开发建设的推进，原来村级经济比较好、主要经济来源为厂房租金收入的12个村的集体厂房大部分遭到动迁，房租损失近500万。②

5.4.2　东莞

在东莞，省里也提出了发展“三来一补”的“三个为主”——按集体经济为主、骨干企业为主、镇办工业为主，市里也把发展“三来一补”业务的重点放在镇一级。③ 但是，如前文所说的那样，东莞最早的三来一补企业大多是村民通过亲缘关系、由村甚至是队引来的，在村里的仓库、影院、村办公室和“三堂”里办起来的，东莞的乡村工业一开始就以村办为主。如表5-2所示，东莞的村办企业数目一直在镇办企业数目的4倍以上，且倍

① 汪长根、刘伯高、程华国：《苏州工业园区与周边乡镇共同发展的研究报告》，《苏州大学学报(哲学社会科学版)》1999年第1期，第110—117页。

② 江苏省乡镇企业管理局发展规划处：《苏州高新区枫桥工业园》，2004年1月20日发布，http://www.jste.gov.cn/ztjs/tscyjq/114512171.htm，2010年3月5日下载。

③ 郑锦滔：《跨进国际交换的跳板——东莞市发展“三来一补”业务的经验》，载《广州日报》理论部主编：《实践的光辉：珠江三角洲改革开放十年征文选》，广东高等教育出版社1988年版，第159—167页。

数呈现稳定的上升态势,到2001年达到了7倍多。村办企业的年末职工人数和总产值与镇办企业相比,虽然倍数上没有企业单位数的倍数那么高,但也都呈现类似的格局和态势。由此可以看出,不仅村办企业与镇办企业相比有较大的优势,且优势还不断强化。

表5-2　东莞市镇办、村办乡镇企业概况:1980—2001

年份	企业单位数(个)			年末职工人数(万人)			总产值(亿元)		
	镇办	村办	村/镇(%)	镇办	村办	村/镇(%)	镇办	村办	村/镇(%)
1980	509	2087	410	3.45	5.71	165	1.10	1.07	98
1985	824	3966	481	7.34	11.81	161	4.58	4.97	109
1990	1022	5254	514	12.73	23.07	181	17.64	18.85	107
1993	1204	6493	539	19.37	40.52	209	52.36	48.77	93
1994	1270	7270	572	21.67	47.56	219	68.50	75.51	110
1995	1593	8289	520	25.02	54.37	217	87.40	103.56	118
1996	1623	9428	581	25.37	64.14	253	100.46	130.99	130
1997	1722	9218	535	27.88	66.44	238	119.72	156.53	131
1998	1527	9907	649	29.40	75.64	257	142.11	188.27	132
1999	1586	9803	618	23.26	65.85	283	174.29	254.27	146
2000	1471	9005	612	25.14	66.44	264	211.86	321.83	152
2001	1405	10725	763	25.10	67.11	267	267.24	421.56	158

资料来源:《东莞统计年鉴》(1995、1997、1999、2000、2002)。

而且,虽然东莞的三来一补企业历来也都被叫做“社队企业”或“乡镇企业”,但与苏州等地的乡镇和村、队办的集体企业相比,有极大的差异。[①]“三来一补”企业的原材料和市场“两头在外”,“反承包”之后外方掌握企业的全部管理权,参与合作的村庄完全退出了管理,只提供土地、厂房及相关的服务,政府能干预的少。所以,和一般的乡镇企业相比,东莞的乡镇企业没有产权、经营、股改之类的问题,也不存在像其他地区的乡镇企业由于宏观经济环境变化、地方政府支持减少等原因而出现效益滑坡而被转制的问题,最多只有向高层次利用外资方向发展的问题。

前述在苏州存在的意识形态因素在东莞似乎也并不存在。在介绍东莞发展历程的文献中,出现最多的字眼是“政府放手”、“政府允许”。在“先行一步”的广东,在改革开放前沿阵地之一的东莞,根据原东莞市市长叶耀等人的说法,“政府还用免税、缓税、退税及允许公共建筑物,如礼堂、祠堂、仓库来搞来料加工或兴办其他事业”,“东莞市人民政府的政策是分明的:……‘三来一补’企业厂房的兴建,亦采取谁筑巢谁收工缴费的政策”,“改革开放之初,当一些地方的领导还在犹豫观望的时候,东莞市政

---

① 根据农业部制定、国家统计局批准的《全国乡镇企业统计报表制度》,“三来一补”企业属于乡镇企业中的出口企业,外商和港、澳、台商“三来一补”的产品价值计入乡镇企业的出口交货值。早期有关乡镇企业统计的教材中,“三来一补”企业是“其他形式的联营企业”,划入乡镇企业的统计范围。见乔淑琴、徐叔赓:《乡镇企业统计》,北京经济学院出版社1988年版,第5页。农业部1991年11月9日印发的《中国乡镇企业发展十年规划和“八五”计划纲要》在“外向型经济规划”中提出,“通过多形式、多品种、多层次、多渠道把出口创汇工作向广度和深度推进。多形式包括直接出口产品、扩大‘三来一补’业务、生产进口产品的替代品等直接创汇或间接创汇业务”。见《中国乡镇企业年鉴》编辑委员会编:《中国乡镇企业年鉴1992》,农业出版社1992年版,第113—122页。

府作出了这样的规定：谁有门路都可以去闯，政府鼓励支持市民从事的每一项合法经济活动”，“‘外向性’政策在这期间是非常灵活的，作为启动性‘三来一补’，政府容许当地提供一切可能提供的形式：在国营或集体企业加工能力过剩的情况下，承接对外加工装备（配）业务，收取工缴费或补偿贸易，这种情况占的比例较小；二是出租厂房收取租金和其他费用，这是主要形式，占 90% 左右；三是土地有偿转让，基础设施及建厂房的资金也由外方负责，山区主要采取这种形式。尤其是第三种形式，在当时是受到非议的，政府顶住压力，使山区的‘三来一补’也在这期间迈出了可喜的步伐”。① 原东莞市委书记欧阳德也指出，“我们为加快经济发展步伐，在不违背大原则的前提下，从实际出发，制定具体的灵活政策措施”。② 原东莞市委副秘书长袁学君撰文指出，“东莞的主要做法是：……引导农民以集体经济为依托，走共同富裕之路。东莞市特别重视发展集体经济，‘三来一补’和‘三资’项目，凡效益比较好的，都由集体来干”。③

与此同时，东莞农村集体经济的实力大大加强。东莞以农村集体经济为主导的农村地域范围，集中了全市三分之二的户籍人口、三分之二的经济总量和三分之二以上的工业企业。如表 5－3，在早些年份，东莞市、镇、

---

① 叶耀、王廉等：《东莞市工业化、城市化发展研究报告》，广东省东莞市人民政府、广东万国经济发展中心 1993 年版，第 5、35、39 页。

② 欧阳德：《东莞：坚持对外开放，发展外向型经济》，载中共广东省委办公厅编：《广东改革开放启示录》，人民出版社 1993 年版，第 92—101 页。

③ 袁学君：《走发展市场经济之路》，《南方日报》，1992 年 11 月 2 日。

村三级的财政(可支配纯收入)呈现村占大头的局面。在1998年,村本级可支配纯收入达到了53.3亿元,超过市、镇两级财政收入的总和,占三级财政(可支配纯收入)的55.1%。到2007年年底,东莞市农村集体总资产达1088.6亿元,占广东省同级资产的三分之一强;村组两级可支配收入185.73亿元,约占全市公共可支配财力的三分之一;两级净资产821.1亿元,纯收入81.8亿元,村均净资产和纯收入分别达到了1.47亿元和

表5-3 东莞市、镇、村三级财政(可支配纯收入):1998—2008

(单位:亿元)

年份	市本级		镇本级		村本级	
	财政收入	占比(%)	可支配纯收入	占比(%)	可支配纯收入	占比(%)
1998	15.1	15.6	28.4	29.4	53.3	55.1
2001	45	27.5	48.9	29.9	69.9	42.7
2003	67.4	27.8	79.7	32.8	95.6	39.4
2004	82.6	29.3	94.7	33.6	104.6	37.1
2007	186	35.2	159	30.1	183	34.7

数据来源:欧阳南江(2003)、寇金明等(2008)、《东莞统计年鉴2006》以及东莞市统计局网站。①

① 东莞市统计局:《镇、村两级财务收支和市、镇、村三级资产负债简析》,2004年10月11日,http://tjj.dg.gov.cn/website/web2/showArticle.jsp?ArticleId=560&columnId=120;东莞市统计局:《2004年度及2005年上半年东莞市镇村两级财务收支及资产负债情况》,2005年8月10日,http://tjj.dg.gov.cn/website/web2/showArticle.jsp?ArticleId=867&columnId=347&parentcolumnId=114,2010年3月6日下载。

1463万元。2007年,净资产超亿元的村有252个,其中超2亿元的村有107个,凤岗镇雁田村、中堂镇潢涌村、长安镇乌沙社区的净资产分别达到了20.97、16.56和15.63亿元。[①] 2006年年末,东莞市可支配收入(扣除土地物业转让纯收入)超1000万的村有350个,超5000万的村有59个;2007年年末超1000万的村有369个,超5000万的村有62个;2008年年末超亿元的村有18个,超千万的村有385个,超5000万的村有65个。[②]

东莞各级地方政府也从农村集体经济的发展中获得了巨大的好处。政府在倚重农村集体发展经济的同时,至少可以从农村集体招商引资中获得税收、工缴费的一部分和土地使用的相关费用。税收方面,主要是向三资企业收取增值税,在中央拿走增值税的75%后,市、镇各可分得12.5%。工缴费方面,根据早些时候国家对"三来一补"企业有关加工收入中的外汇留成规定,工缴费的计算是,每100元港币留成给地方26元人民币,7元交当地乡镇政府(由市和镇分享),19元交企业所在的村集体;后来乡镇收取的工缴费降到6元、5元,村的降到18元、17元;对于由"三来一补"企业改成三资企业的,工缴费按企业出口额的1%收取,镇拿2‰,村拿8‰。土地使用的相关税费方面,政府可以在用地单位办理集体

---

① 东莞市经济贸易局经济运行科:《关于产业结构调整升级与镇村经济发展问题的分析》,2008,http://dgetb.dg.gov.cn/script/Job_procedure/news_n.asp? N_ID = 1188&c_id = ,2010年3月6日下载。

② 《东莞市国民经济和社会发展统计公报》(2006、2007、2008)。

土地使用证的时候收取办证费,每平方米收费数十元。[①] 另外,农村集体经济还承担了村域范围内道路、学校、绿化等基础设施建设的职责。2004—2007 年,东莞市集体经济组织对社区内的公益公用设施的投入分别为 24 亿元、18 亿元、16 亿元、21 亿元,分别占当年纯收入的 35.5%、26%、20.6%、26%。[②]《东莞市集体建设用地使用权流转收益用于社会保障的管理办法》还明确规定"全市各村(或社区,含村民小组)必须把集体建设用地使用权流转收益的 50% 以上用于所属村民的社会保障"。2001—2005 年,东莞市、镇(街)、村三级财政投入农民基本养老保险的专项资金共 8.96 亿元,其中村(居)投入 5.38 亿元。[③]

正如东莞市农业局在撰文回顾东莞改革开放 30 年时指出的,"集体经济是东莞市经济发展的重要载体。集体经济为全市经济发展提供了土地、厂房、资金等生产要素。……可以说,全市经济发展的基础——土地,主要来源于农村集体经济组织;全市经济发展的成果——GDP 和财税收入,也主要来源于以农村集体经济为载体的工商企业"[④],东莞的经济在

---

① 2009 年 11 月 20 日东莞市凤岗镇雁田村邓满昌副主任访谈。

② 东莞市经济贸易局经济运行科:《关于产业结构调整升级与镇村经济发展问题的分析》,2008,http://dgetb.dg.gov.cn/script/Job_procedure/news_n.asp? N_ID = 1188,2010 年 3 月 6 日下载。

③ 王风光:《东莞市农民:老有所养 病有所医 困有所济——访广东省东莞市市长李毓全》,《中国县域经济报》,2007 年 7 月 30 日,第 14 版。

④ 东莞市农业局:《积极推进农村集体经济转型升级》,载王道平主编:《东莞 30 年:一个沿海开放地区建设中国特色社会主义的成功实践》,广东人民出版社 2008 年版,第 325—332 页。

很大程度上依赖于农村集体经济,经济的活力在底层农村。对于由村庄主导的有利于当地经济发展的土地转用和开发模式,地方政府不但没有予以禁止,还在一定程度上给予支持,采取了比较灵活的措施。例如,1990年国务院55号和56号令颁布施行后,广东省国土厅1991年提出《关于进一步贯彻执行国务院55号和56号令的报告》,要求"农村集体经济组织、乡(镇)政府(包括管理区)、房地产开发公司以及国营工矿、农林企事业单位均不得直接出让土地使用权",报请广东省人民政府批准实施。对此,广东省人民政府在《批转省国土厅关于进一步贯彻执行国务院55号和56号令的报告的通知》中只说"同意省国土厅《关于进一步贯彻执行国务院55号和56号令的报告》",请各地"结合本地情况认真执行"。[①] 在东莞,国土局的报告指出,在1999年新《土地管理法》实施之前,东莞的农村集体土地转让是按1988年《土地管理法》中"国有土地和集体土地使用权可以依法转让"执行的,且"我市为了适应经济发展需要,在用地管理方面,除了充分利用法律赋予的市级土地用地审批权外,在具体操作中也曾采取了一些比较灵活的措施"。[②] 早期,东莞"在兴办'三

---

① 《广东省人民政府批转省国土厅关于进一步贯彻执行国务院55号和56号令的报告的通知》,载《广东地政地产年鉴》编纂委员会编:《广东地政地产年鉴1996》,广东省地图出版社1996年版,第344—345页。

② 国土局:《新〈土地管理法〉实施后我市保障建设用地的对策建议》(1999),载中共东莞市委政策研究室、东莞市人民政府经济研究室编:《东莞调研》1999年合订本,2000年版,第290—299页。

资'企业过程中,一边建厂房,一边办理报建、报批手续,或先建厂房,后补办有关手续","目前,为支持地方建设,国土部门采取了变通的手法,鼓励调整、消化现有的闲置土地和尽量使用山坡荒地当作违法用地处理补办手续"。① 2008 年,东莞市副市长指出,"东莞是改革开放的前沿阵地,是思想解放的先行地区,东莞能够取得今天这样的成绩,离不开全市上下各级部门的积极进取和开拓创新。特别是我市国土部门历来都能紧紧把握国家政策变化趋势,找准政策界限,出台符合东莞实际的具体操作办法,通过一个又一个创新为全市在不同阶段的快速发展提供了良好的保障和服务"。②

5.5 东莞会苏州化吗?

2000 年之后,珠江三角洲的城市政府倾向于外延式扩张和外部投资的引入,征地、开发工业园区、廉价出让土地成为政府招商引资的主

① 尹国强、陈文东:《关于"三资"企业报批程序的调查》(1999),载中共东莞市委政策研究室、东莞市人民政府经济研究室编:《东莞调研》1999 年合订本,2000 年版,第 271—282 页。

② 梁国英:《在 2008 年度全市国土资源管理工作总结表彰会议上的讲话(2008 年 12 月 26 日)》,《东莞国土》2008 年 12 月(总第 16 期),第 8—10 页。

要手段,“自下而上”的农村工业化和政府主导的“自上而下”的园区工业化在土地利用方面的冲突日益凸显(丛艳国、魏立华,2007)。在东莞,当地政府也有把土地的转用开发权拿到自己手里的冲动。而且,这种行为很大程度上是在发现落后于苏州之后、学习苏州模式的结果。

中共东莞市委政策研究室调研指出,“近年来,长三角城市特别是苏州市充分利用自然人文环境优良,园区建设较好的优势,利用外资保持了强劲增长的态势,……苏州工业园对苏州市的招商引资起到了中流砥柱的作用。建园10年来,累计吸引合同外资199亿美元,……每平方公里工业用地投资强度达14.8亿美元,居国内第一”,“与苏州等市相比,东莞市园区等载体建设滞后,导致东莞市引资产业层次总体偏低。为此,东莞市今后必须深入实施园区带动战略,加快松山湖科技产业园和东部工业园的开发建设,特别是要加快把松山湖建设成为研发服务中心、人才教育中心、企业总部中心和高新技术产业基地,成为东莞市科技产业和知识经济发展的龙头和旗帜”。①

中共东莞市委政策研究室、东莞市国土资源局也指出,“改革开放以来,土地的处置权实际上掌握在拥有土地支配权的镇、村、村民手中,

---

①　中共东莞市委政策研究室:《关于东莞市近期各部门外出考察报告的综述》,载中共东莞市委政策研究室编:《谋事之基　成事之道:2005年东莞市重要调研成果》,广东科技出版社2006年版,第386—389页。

即其开发权、处置权实际上处于政府的监控之外"，"由于大量集体土地掌握在村组和个人手里，政府掌握的土地相对较少，因而调控土地市场的能力相对较弱"，而在"部分先进地区"，"不论是长三角还是珠三角地区的经济发达城市，市政府均较早地在全市范围内统筹土地，加强全市范围内的土地统一管理，形成较强的调控能力。以上海、昆山为例，这两个城市土地审批的有关权限牢牢掌握在市一级政府手里，镇村两级没有用地的支配权……上述地区由于加强了对土地的宏观管理，牢牢抓住土地审批权，形成较强的土地调控能力，能在大范围内进行规划和合理布局，高效、集约地统筹使用土地"，建议"加大市一级政府统筹土地的力度"，"今后新增建设用地原则上不再向镇村提供，原则上不批准村组两级擅自开发，杜绝随意转让集体土地的现象"等。①

实践上，2001年5月的东莞市委工作会议确定了"一网两区三张牌"的战略思路，其中"两区"指建设城市新区和松山湖科技产业园区。2003年5月21日，东莞召开第一次全市园区工作会议，确立了园区发展的"四集四新"总体思路——用地集中、开发集约、产业集聚、能量集合，以园区承接新增量、培育新产业、营造新布局、增创发展新优势，提出争取通过几

① 中共东莞市委政策研究室、东莞市国土资源局：《关于我市集约利用土地资源的调研报告》，载中共东莞市委政策研究室编：《谋事之基　成事之道：2006年东莞市重要调研成果》，广东科技出版社2007年版，第153—164页。

年的努力，形成一个整体性、层次性、多元性、互动性的园区体系。随后，东莞市2003年7月18日出台《东莞市鼓励镇区工业园区发展的优惠措施》，2003年9月16日出台《东莞市走新型工业化道路实施方案》，部署实施"园区带动战略"。到2005年，东莞共规划了松山湖科技产业园、东部工业园和虎门港的开发建设以及20个镇级特色园区。① 其中，松山湖科技产业园征占了寮步、大朗、大岭山三镇接壤处的72平方公里土地。2009年7月，东莞市委十二届五次全会提出"镇里要敢于向村里统筹拿地"，打算剥离村里抓经济的职能，主张土地由镇统一管理、经营，村里等着分红。②

同时，如表5-3所示，1998年至2007年间，东莞市、镇、村三级财政（可支配纯收入）的格局发生了巨大的变化，市财政占三级收入的比重逐年稳步上升，由15.6%上升到了35.2%，而村级可支配纯收入由55.1%下降到了34.7%，可见政府的大手已经全面伸出、张开。

不过，虽然和全国其他地区的农村一样，东莞各地的农村也继承了20世纪50年代以后"被集体化"的历史遗产，但不同的是，20世纪八九十年代以来，随着农村工业化脚步的加快，东莞各地的村集体先后收回了几

① 《新世纪的跨越——"十五"时期东莞经济社会发展综述》，东莞市统计局编：《东莞统计年鉴2006》，中国统计出版社2006年版，第55—61页。

② 高志全、陈锐敏：《"镇里要敢于向村里统筹拿地"》，《东莞时报》，2009年7月24日，A8版。

年前承包到户的土地，由村级集体统一开发和管理，并成立了以土地股份合作制为基础的经济联合社，经济联合社作为集体经济组织统一经营本村的土地、厂房，每年向村民分红。这种由村庄自己自发决定和实施的"再集体化"迥异于之前的"被集体化"，以土地股份合作制为基础的经济联合社也不同于其他地区有名无实的集体经济组织，村民基于共同的利益组合在一起，相互抱团而有了较强的凝聚力。经过二三十年的经济发展，东莞农村集体的经济实力已大大加强，在东莞经济中占据了重要的地位。他们深知自己的发展依靠的主要是土地，对开发自己的土地具有强烈的主动和主导意识。地理、血缘关系、土地制度等均参与塑造了改革开放以后东莞的经济、社会关系。反过来，不断增强的经济实力、主动"再集体化"以后的社会关系又进一步强化了原有的农地转用开发制度。

面对主导了经济发展、具有较强实力、"再集体化"了的集体经济组织，似乎越来越苏州化的东莞市政府需要考虑像苏州那样大规模征地、建开发区可能会受到的反对，以及把土地从村里拿走可能会对东莞经济造成的损伤。东莞市政府也会大规模征收农村集体的土地、大搞开发区建设吗？① 东莞各地的农村集体能够和市政府进行讨价还价、保住自己开发

① 东莞的官员表示"在东莞不可能再搞第二个像松山湖这样的大规模开发之工业园区"，其原因是土地无法顺利征收（杨友仁、王鸿楷，2006）。

自己土地的权利吗？东莞市政府会投鼠忌器、让农村集体继续依靠土地发展经济吗？东莞能够探索出在政府的帮助下由农村集体主导、不同村庄之间合作建设开发区的新路吗？以上这些都是值的进一步观察和思考的。

5.6　结论

在同一部《土地管理法》下，当前苏州和东莞的农地转用开发模式存在着巨大差异——苏州地方政府从农村大规模征地、大搞开发区建设，而东莞则由农村集体自己进行土地开发、实现工业化。进一步的探究会发现，早期苏州的农地转用开发与东莞类似，也是由集体自行开发。那么，为什么苏州的农地转用开发模式在90年代中期发生了那么大的变化，而东莞却没有改变而大致沿袭原来的农地转用开发模式？

通过对苏州和东莞发展历史的讨论，笔者认为，差别的关键在于谁是经济发展的主导者。在苏州，政府主导经济发展，乡镇企业以镇办为主，村办企业也受政府的控制，乡镇企业的发展、竞争力在很大程度上来自政府的扶持。当财政体制改革使得支持乡镇企业不再显得那么有利可图之后，在昆山政府主导的开发区建设和外资引进颇有成效、让苏州看到了一条似乎前景不错的新路之后，居于主导地位的苏州当地政府选择了强制改制乡镇企业、大规模征地建开发区的经济发展策略，而农村集体由于力量薄弱，没有讨价还价的空间，只能顺从。与之形成鲜明对比的是，农村集体主导东莞的经济发展，东莞最早的"三来一补"企业大多是村民通过亲缘关系、由村甚至是队引来的，以村办为主，且企业按村庄提供土地和厂房而外方掌控企业管理的方式运作，政府能干预的少，形成了东莞经济在很大程度上依赖于农村集体经济的局面。同时，村庄自发地"再集体化"，收回了早些年承包到户的土地，统一规划、开发，组成以土地股份合作制为基础的经济联合社，对开发自己的土地有强烈的主动和主导意识，由村主导对本村集体所有的土地进行转用开发也成了东莞土地开发的主要形式。地区经济发展的主导者不一样，造就了苏州和东莞完全不同的农地转用开发模式。

进一步地，如果要从本章的案例分析中提出什么理论问题，或者像张五常教授说的"将例子一般化"、周其仁教授说的"把实例一般化"，笔者尝试提出下面这个理论假说：在现有征地制度下，地区经济发展的主导者是否和集体土地的所有者合二为一，是造成农地转用开发模式区域差异的主要原因。法律上，农村和城市郊区的土地，除由法律规定属于国家所有的以外，属于集体所有。而农民集体所有的土地多属村或小组农民集体所有，由农村集体经济组织或者村民委员会经营、管理。① 于是，经济发展的主导者（政府、村或组）与集体土地所有者（乡镇、村或组）的不同搭配，便塑造了不同的农地转用开发模式。

以苏州、温州、东莞为例。在苏州，经济发展的主导者是政府，与集体土地的所有者——村不一致，走向了以政府征地、建开发区为主的开发模式；在东莞，经济发展的主导者是村，与集体土地的所有者二位一体，主要由村庄自己开发集体土地；温州以私营经济为主，经济发展的主导者与集体土地的所有者不一致，既有使用本村集体土地的，也有进入政府办的开发区的。笔者推测，即使是在政府主导经济发展的地区，如苏南，在一些强村，如华西村等，经济发展的主导者和土地所有者也是二位一体的，那

① 根据农业部 1987 年对 1200 个村的调查，土地所有权属于村民小组的占 65%，属行政村的占 34%，属于其他层次的为 1%（张琦，1994）。中共中央政研室、农业部农村固定观察点办公室 1997 年 9—11 月对观察点系统的 317 个村的专题调查发现，土地所有权归行政村所有的占 39.6%，归村民小组所有的占 44.9%，归行政村和村民小组共有的占 14.7%，其他所有的占 0.8%；从土地发包方看，为行政村的占 60.5%，为村民小组的占 32.3%，为乡政府的占 1.1%，其他的占 3%（全国农村固定观察点办公室，1998）。另据国土资源部的统计，近年农村土地所有权的分布大体状况是，90% 以上属于村民小组所有，9% 左右属于行政村所有，属乡镇一级所有的土地少于 1%（赵阳，2006）。国土资源部的浙江、上海、江苏集体建设用地流转调研报告（2001 年）指出，事实上，乡（镇）、村、村民小组农民集体拥有的土地多数在实地均有明确的界限和范围，其面积比例大致为 1%：9%：90%。

里的土地转用开发模式应该会类似于东莞,主要由村庄自己开发。①

最后,我们不仅能够看到东莞和苏州不一样的地方,还看到了两个地方的相同点——很大程度上都是在靠土地发展经济,只是东莞由农村集体主导,苏州由政府主导,"靠收租和先少后多的税收作为主要收益的发展模式并无二致"(金心异、希密,2004)。在经济发展的方式上,苏州越来越像东莞——早先国有经济、乡镇企业、外资经济并重,转变为依赖征地、建开发区、吸引外资了;在农地转用开发的模式上,东莞有越来越像苏州的迹象——早先多由村集体进行农地转用开发,近年来政府也要开始征地、大建开发区了。幸或不幸?

---

① 在东莞,据杨友仁、王鸿楷(2006)的调研,有一些村民小组(多是以姓氏家族为基础的自然村,早期的生产队)也参与农地的转用开发,但必须处理与村委会的关系。另外,第4章里提到,雁田村的村民从村委会分红,也能从自然村分红;横坑村委会划出550亩土地给5个自然村自行开发,2004年起村民每人每月可分得600元福利金,其中行政村提供500元,自然村提供100元。

第6章　结论与政策建议

社会是时时需要改革的，然其改革却极不易。所希望的目的，未曾达到，因改革而来的苦痛，倒不知凡几了，人们当此之际，就要嚣然不宁。此时之所当务，乃在考察这件事情，究竟需要改革与否？如其必需改革，则这种苦痛，只是改革方法不善所引起，我们该竭力改革其方法，而改革之事，决不可因之中止。①

——吕思勉

本书尝试在历史和空间的背景下来考察中国的农地转用开发问题——是由政府征收农村土地后进行开发，还是由农村集体自行进行农地的转用开发。本书第2章通过回顾征地制度的历史变迁，发现当前的征地制度比包括计划经济时代在内的1949年以来的所有时期都要歧视集体土地产权和农民的财产权利。第3章刻画了地方政府运用土地来发

① 吕思勉：《从章太炎说到康长素梁任公》，《月刊》，1946年第3期。

展经济的制度环境、手法和工具，指出地方政府大规模征收农地、进行土地的“资产组合”经营以推进城市化、工业化的经济增长方式是不可持续的。第4章的案例研究发现农村可以通过集体土地的非农建设发展经济，农村集体有能力统筹规划、利用好自己的土地，农村集体可以、有能力主导自己的城市化。第5章探讨苏州和东莞农地转用开发模式的差异及其背后的原因，提出了“在现有征地制度下，地区经济发展的主导者是否和集体土地的所有者合二为一，是造成农地转用开发模式区域差异的主要原因”的理论假说。

进入21世纪后，随着征地问题的严重化，中共中央连续在重要文件中安排征地制度改革的事项。2003年《中共中央关于完善社会主义市场经济体制若干问题的决定》提出“按照保障农民权益、控制征地规模的原则，改革征地制度，完善征地程序。严格界定公益性和经营性建设用地，征地时必须符合土地利用总体规划和用途管制，及时给予农民合理补偿”。[①] 2005年《中共中央关于制定国民经济和社会发展第十一个五年规划的建议》提出“加快征地制度改革，健全对被征地农民的合理补偿机制”、“建立健全与城镇化健康发展相适应的财税、征地、行政管理和公共

① 《中共中央关于完善社会主义市场经济体制若干问题的决定》，《人民日报》，2003年10月22日。

服务等制度”。[①] 2006年《中共中央关于构建社会主义和谐社会若干重大问题的决定》提出“从严控制征地规模，加快征地制度改革，提高补偿标准，探索确保农民现实利益和长期稳定收益的有效办法，解决好被征地农民的就业和社会保障”、“着力解决土地征收征用、城市建设拆迁……中群众反映强烈的问题”。[②] 2008年《中共中央关于推进农村改革发展若干重大问题的决定》提出“改革征地制度，严格界定公益性和经营性建设用地，逐步缩小征地范围，完善征地补偿机制。依法征收农村集体土地，按照同地同价原则及时足额给农村集体组织和农民合理补偿，解决好被征地农民就业、住房、社会保障”、“做好被征地农民社会保障，做到先保后征，使被征地农民基本生活长期有保障”。[③] 2010年《中共中央关于制定国民经济和社会发展第十二个五年规划的建议》提出“按照节约用地、保障农民权益的要求推进征地制度改革”。[④]

---

① 《中共中央关于制定国民经济和社会发展第十一个五年规划的建议》，《人民日报》，2005年10月19日。

② 《中共中央关于构建社会主义和谐社会若干重大问题的决定》，《人民日报》，2006年10月19日。

③ 《中共中央关于推进农村改革发展若干重大问题的决定》，《人民日报》，2008年10月20日。

④ 《中共中央关于制定国民经济和社会发展第十二个五年规划的建议》，《人民日报》，2010年10月28日。2011年3月十一届全国人大四次会议批准的《中华人民共和国国民经济和社会发展第十二个五年规划纲要》要求“严格界定公益性和经营性建设用地，改革征地制度，缩小征地范围，提高征地补偿标准”。

从2003年起,征地中存在的问题、征地制度改革的内容写进了每一年的政府工作报告。2003年朱镕基的《政府工作报告》中提出"严禁滥占乱征耕地"。[①] 2004年温家宝的《政府工作报告》提出"制止乱征滥占耕地"、"加快改革土地征收、征用制度,完善土地征收、征用程序和补偿机制"、"抓紧解决城镇房屋拆迁和农村土地征用中存在的问题。……在农村土地征用中,要严格控制征地规模,依法按规划和程序征地,及时给予农民合理补偿,切实保护农民合法权益";[②]2005年指出"依法解决农村征地、城镇房屋拆迁和企业改制中损害群众利益的问题。拖欠农民的征地补偿费已基本偿还";[③]2006年指出"在土地征用、房屋拆迁、库区移民、企业改制、环境污染等方面,还存在一些违反法规和政策而损害群众利益的问题";[④]2007年指出"土地征收征用、房屋拆迁、企业改制、环境保护等方面损害群众利益的问题仍未能根本解决"、"完善大中型水库征地补偿和移民后期扶持政策"、"推进征地制度、集体林权制度改革"、"坚决纠正土地征收征用、房屋拆迁、企业改制、环境保护中损害群众利益的行为";[⑤] 2008年提出"努力解决土地征收征用、房屋拆迁、企业改制、环境保护等方面损害群众利益的问题"、"完善大中型水库征地补偿和移民后期扶持

① 朱镕基:《政府工作报告》,《人民日报》,2003年3月20日。

② 温家宝:《政府工作报告》,《人民日报》,2004年3月17日。

③ 温家宝:《政府工作报告》,《人民日报》,2005年3月15日。

④ 温家宝:《政府工作报告》,《人民日报》,2006年3月16日。

⑤ 温家宝:《政府工作报告》,《人民日报》,2007年3月8日。

政策等”；[①]2009年提出“农民工、被征地农民社会保障工作稳步推进”、“重点做好非公有制经济从业人员、农民工、被征地农民、灵活就业人员和自由职业者参保工作”；[②]2010年提出“认真解决企业改制、征地拆迁、环境保护、劳动争议、涉法涉诉等领域损害群众利益的突出问题，保障人民群众的合法权益”；[③]2011年指出“违法征地拆迁等引发的社会矛盾增多”。[④]

1982—1986年，中共中央连续5年发出“一号文件”，对农业、农村的改革和发展问题做出部署（杜润生，2005）。“一号文件”自2004年恢复起，几乎每年都对征地工作进行了安排。[⑤] 2004年一号文件提出“加快土地征用制度改革”、“控制征地规模”、“要严格区分公益性用地和经营性用地，明确界定政府土地征用权和征用范围。完善土地征用程序和补偿机制，提高补偿标准，改进分配办法，妥善安置失地农民，并为他们提供社会保障。积极探索集体非农建设用地进入市场的途径和办法”；[⑥]2005年

① 温家宝:《政府工作报告》,《人民日报》,2008年3月20日。

② 温家宝:《政府工作报告》,《人民日报》,2009年3月15日。

③ 温家宝:《政府工作报告》,《人民日报》,2010年3月16日。

④ 温家宝:《政府工作报告》,《人民日报》,2011年3月16日。

⑤ 从2004年到2012年,除了2011年的《关于加快水利改革发展的决定》没有涉及征地问题外,其余年份的中央一号文件都对征地工作做出了部署。

⑥ 《中共中央国务院关于促进农民增加收入若干政策的意见》,《人民日报》,2004年2月9日。

一号文件提出“加快推进农村土地征收、征用制度改革”;[①]2006年一号文件提出“推进征地、户籍等制度改革”、“加快征地制度改革步伐,按照缩小征地范围、完善补偿办法、拓展安置途径、规范征地程序的要求,进一步探索改革经验。完善对被征地农民的合理补偿机制,加强对被征地农民的就业培训,拓宽就业安置渠道,健全对被征地农民的社会保障”;[②]2007年一号文件提出“加快征地制度改革”;[③]2008年一号文件提出“切实保障农民土地权益。继续推进征地制度改革试点,规范征地程序,提高补偿标准,健全对被征地农民的社会保障制度,建立征地纠纷调处裁决机制。对未履行征地报批程序、征地补偿标准偏低、补偿不及时足额到位、社会保障不落实的,坚决不予报批用地。对违法违规占地批地的,坚决依法查处”;[④]2009年一号文件提出“妥善解决农村征地、环境污染、移民搬迁、集体资产处置等引发的突出矛盾和问题”;[⑤]2010年一号文件提出“落实和

① 《中共中央国务院关于进一步加强农村工作提高农业综合生产能力若干政策的意见》,《人民日报》,2005年1月31日。

② 《中共中央国务院关于推进社会主义新农村建设的若干意见》,《人民日报》,2006年2月22日。

③ 《中共中央国务院关于积极发展现代农业扎实推进社会主义新农村建设的若干意见》,《人民日报》,2007年1月30日。

④ 《中共中央国务院关于切实加强农业基础建设进一步促进农业发展农民增收的若干意见》,《人民日报》,2008年1月31日。

⑤ 《中共中央国务院关于2009年促进农业稳定发展农民持续增收的若干意见》,《人民日报》,2009年2月2日。

完善被征地农民社会保障政策”、“切实解决好农村征地、环境污染、移民安置、集体资产管理等方面损害农民利益的突出问题”；[①]2012年一号文件要求“加快修改土地管理法，完善农村集体土地征收有关条款，健全严格规范的农村土地管理制度”。[②]

中共中央、国务院一再重申的切实维护群众的土地合法权益、严格界定公益性和经营性建设用地、缩小征地范围、完善征地补偿机制的改革方向是值得肯定的。作为本书的结束部分，本章依据前面几章的研究结论，就如何稳步推进征地制度的改革提出一些建议。笔者认为，目前地方政府在很大程度上依靠征收土地来发展地方经济，对土地及土地相关收入的依赖程度很大，而这种行为主要是由现有的财政制度和政治晋升机制塑造的。征地制度改革的推进有赖于政治体制和财政体制改革的配合，并将有助于经济发展方式的转变。让征地制度改革朝着改善的方向发展，应抓住以下几个重点。

---

① 《中共中央国务院关于加大统筹城乡发展力度进一步夯实农业农村发展基础的若干意见》，《人民日报》，2010年2月1日。

② 《中共中央国务院印发〈关于加快推进农业科技创新持续增强农产品供给保障能力的若干意见〉》，《人民日报》，2012年2月2日。

6.1 化解城市扩张中非出于公共利益占用农地的悖论

第2章讨论了城市扩张中非出于公共利益占用农地的悖论。在1982年以来的征地实践中，以及后来《土地管理法》的制定过程中，尤其是1998年前后《土地管理法》的修订过程中，立法者也面对着这个悖论。但是，立法中，1998年修订后的《土地管理法》将征地范围扩大到了不区分是否出于公共利益的"城市建设需要占用农民集体所有的土地"和"城市外能源、交通、水利、矿山、军事设施等项目建设占用集体土地的"；实践中，城市扩张中非出于公共利益的建设项目也都走征地的路子。

如同前文摘录的中共中央、国务院近年来连续多次提出的征地制度改革思路，是到改变的时候了。城市化、城市扩张还在不断进行着，城市扩张中非出于公共利益的建设项目占用了大量农地，城市扩张中非出于公共利益占用农地的悖论必须得到化解。一个思路是，维持土地所有权不得买卖、土地使用权可以转让的规定，修改城市土地国有、农村土地集体所有的条款，让集体土地使用权进入城市，即打破城乡分割，不强求城市土地必须国有、农村土地必须集体所有，以登记、发证等方式承认某一个具体时点的国有和集体所有土地的现状，允许城市扩张中非出于公共利益的建设项目以取得集体土地使用权的方式用地。另一个思路是，维持城市土地国有、农村土地集体所有的条款规定，修改土地所有权不得买卖的条款，让城市扩张中非出于公共利益的建设项目使用原属农村集体所有的土地，以取得国有土地使用权的方式用地，而这原属农村集体所有的土地经买卖转为国有土地，而不是经过征收。还有一个思路是，宪法既不规定城市土地国有、农村土地集体所有，也不禁止土地所有权的买卖。笔者以为，三个思路都可以考虑，前两个思路可能比较可行。

如果修宪时机还不够成熟，也要就事论事、坚持原则、进行试点，为尽快修宪做好准备。在文字上变通或未经修宪就先进行改革试点，在有关土地条款的宪法修改历史上已有先例。胡乔木在1982年4月12日代表宪法修改委员会秘书处作解释时指出，“土地所有权做了文字改动。……既然不许买卖，所以国家不用‘征购’，而只提‘征用’”。[①] 另一个例子是1987年、1988年的国有土地使用制度改革。当时的宪法规定“任何组织或者个人不得侵占、买卖、出租或者以其他形式非法转让土地”，为了推进改革，原国家土地管理局在文字上费尽心思—— 一是让有立法权的省、

① 许崇德：《中华人民共和国宪法史》，福建人民出版社2003年版，第665—666页。

市人大通过允许土地“转让”,就合法了,不是“非法转让”;二是避开原先使用的“批租”中的“租”字,最初选用“转让”,后来“想来想去想出‘出让’这个词”,前苏联新经济政策时期也用过的,得到大家的赞同,才掀开了国有土地使用制度的改革。① 随后,1988 年 4 月 12 日第七届全国人大第一次会议通过《中华人民共和国宪法修正案》,“任何组织或者个人不得侵占、买卖、出租或者以其他形式非法转让土地”修改为“任何组织或者个人不得侵占、买卖或者以其他形式非法转让土地。土地的使用权可以依照法律的规定转让”,1988 年 12 月 29 日七届全国人大常委会第五次会议修改《土地管理法》,将“任何单位和个人不得侵占、买卖、出租或者以其他形式非法转让土地”改为“任何单位和个人不得侵占、买卖或者以其他形式非法转让土地”,增加“国有土地和集体所有的土地的使用权可以依法转让。土地使用权转让的具体办法,由国务院另行规定”和“国家依法实行国有土地有偿使用制度。国有土地有偿使用的具体办法,由国务院另行规定”两款。在那之前,1987 年深圳试点有偿出让土地,以协议方式出让了第一块国有土地,又以招标和拍卖的方式推出地块。

① 王先进:《城镇土地使用制度改革》,载中华人民共和国国土资源部编:《国土资源事业改革发展三十年:纪念改革开放 30 周年》,地质出版社 2008 年版,第 21—31 页。

6.2 制定专门的土地征收法律

《中华人民共和国立法法》第八条规定,对非国有财产的征收只能制定法律。《中华人民共和国立法法释义》明确指出,“将非国有财产国有化必须由法律规定。财产权是公民的一项基本权利,非依法律的规定不得被侵犯”,“将非国有财产国有化一般是适应国家出现的紧急情况和特殊需要而采取的措施。比如,国家处于战争、戒严状态,发生严重的自然灾害或者需要修建大型工程项目等情况出现时,为保护公共利益,才可以征收非国有财产。在正常情况下,不能对非国有财产进行征收。为了使这种征收限制在非常必要的情况下,立法法将对非国有财产的征收的立法列为全国人大及其常委会的专属立法权”。①

目前我国没有《土地法》,也没有专门的土地征收法律,有关土地征收的规定主要由《土地管理法》做出。但是,《土地管理法》是“为了加强土地管理”而制定的,不专门针对作为非国有财产的土地的征收。根据《立

① 张春生主编:《中华人民共和国立法法释义》,法律出版社2000年版,第51—52页。《中华人民共和国立法法释义》是由全国人民代表大会常务委员会法律工作委员会编写的中华人民共和国法律释义丛书中的一本。

法法》,为了推进征地制度改革,应尽快制定、出台专门的土地征收法律。专门的土地征收法律应坚持只有公共利益项目才可征地、不应为了公共利益就低价补偿的原则。

6.3 坚持只有公共利益项目才可征地的原则

我国宪法一脉相承地规定了"国家为了公共利益的需要"可以征地的内容。但是,1998 年《土地管理法》修订时,修法者以"情况比较复杂,难以准确界定"、"征用土地是将集体土地转为国有土地并为各项建设提供国有土地的唯一途径"为由,将征地范围扩大到了"一类是城市建设需要占用农民集体所有的土地,另一类是城市外能源、交通、水利、矿山、军事设施等项目建设占用集体土地的"①,即凡城市建设需要占用农民集体所有的土地的,不管是不是为了公共利益的需要,都走征地的渠道。即使到了 2006 年、2007 年《物权法》的制定,立法者仍以"在不同领域内,在不同情形下,公共利益是不同的,情况相当复杂"为由,没有对公共利益进行

① 卞耀武、李元主编:《中华人民共和国土地管理法释义》,法律出版社 1998 年版,第 139 页。

界定。①

另外,目前的征地还保留着计划经济时期"国家建设征用土地"中泛化"国家建设"的思维。1953年的《中央人民政府政务院关于国家建设征用土地办法》、1958年修正后的《国家建设征用土地办法》和1982年实行的《国家建设征用土地条例》都以"国家建设征用土地"命名,1986年的《土地管理法》是在《国家建设征用土地条例》的基础上制定的,1986年和1988年修改了的《土地管理法》的第四章都以"国家建设用地"命名,一直沿用到20世纪90年代后期,直到修订后的《土地管理法》自1999年1月1日起施行为止。按原国家土地管理局的界定,在中国的土地上,只要是乡(镇)村集体建设用地和农村个人建房用地以外的用地,都是国家建设用地。② 1998年修订后的《土地管理法》中已没有"国家建设"、"国家建设用地"、"国家建设征用土地"等字眼,但"国家建设"思维的延续仍十分

---

① 《全国人大法律委员会关于〈中华人民共和国物权法(草案)〉修改情况的汇报》(2006年8月22日),《全国人大法律委员会关于〈中华人民共和国物权法(草案)〉修改情况的汇报》(2006年10月27日),载郭明瑞主编:《中华人民共和国物权法释义》,中国法制出版社2007年版,第513—520、521—535页。

② 国家土地管理局科技宣教司编:《中华人民共和国土地管理法通俗讲话》,内部印刷资料,1986年,第30页;国家土地管理局土地利用规划司编:《土地利用计划管理资料选》,法制出版社1989年版,第80—83页;国家土地管理局科技宣教司编:《土地管理基本知识问答》,中国人民大学出版社1988年版,第143—144页;李玉光:《建设用地管理基本知识——1987年全国土地管理局(厅)长研讨班讲稿》,载国家土地管理局科技宣教司编:《土地管理基本知识参考资料(一)》,中国人民大学出版社1988年版,第255—257页。

明显。《土地管理法实施条例》规定“违反土地管理法律、法规规定,阻挠国家建设征用土地的,由县级以上人民政府土地行政主管部门责令交出土地”。全国人大常委会法制工作委员会、国土资源部编写的《中华人民共和国土地管理法释义》中“国家建设”则出现了8次之多,如“土地补偿费是指国家建设征用集体土地时,为补偿被征地单位的经济损失而向其支付的款项。……安置补助费是国家建设征用集体土地时,为安置被征地单位的生产、生活而向其支付的款项,主要解决被征地农民的就业问题”。[①] 1998年土地管理法修订后,“国内第一本系统阐述土地执法的综合性工具书”——《新土地管理法与土地执法实务全书》,指出“非农业建设用地指标。包括国家建设、乡(镇)村集体建设和农村居民个人建房用地三项指标。国家建设用地是指……”,“建设用地按其权属关系分为:国家建设用地和乡(镇)村建设用地两大类。国家建设用地是指……”。[②]

2009年的《中华人民共和国土地管理法(修订草案征求意见稿)》第

---

① 卞耀武、李元主编:《中华人民共和国土地管理法释义》,法律出版社1998年版,第216—217页。

② 贾俊玲、束克欣主编:《新土地管理法与土地执法实务全书》,中国环境科学出版社1998年版,第293、846页。书中前言写道,“本书是国内第一本系统阐述土地执法的综合性工具书,有以下几个突出特征:第一,权威性。参加本书编写的人员不仅有原国家土地管理局、国土资源部、全国人大法工委、北京大学、中国人民大学等单位的立法工作者和理论工作者,而且有在土地管理部门第一线工作的业务骨干。”

六十八条写道:“为了公共利益的需要,进行下列建设,需要使用集体所有土地的,依法征收为国有:(一)在土地利用总体规划确定的城镇建设用地范围内,国家实施城市规划进行建设;(二)在土地利用总体规划确定的城镇建设用地范围外进行基础设施、公共管理和服务设施、军事设施等公益性项目建设。公益性项目用地目录另行制定。在土地利用总体规划确定的城镇建设用地范围外,为了公共利益的需要进行非公益性项目建设需要征收土地的,依法定程序由国务院或者省、自治区、直辖市人民政府批准”①,试图对公共利益进行界定,但仍不明确。例如,城市规划范围内的许多建设项目并非出于公共利益的需要,但《征求意见稿》以“土地利用总体规划确定的城镇建设用地范围”、“国家实施城市规划进行建设”为掩护,让那些建设项目也走征地的路子。

如何识别是否出于公共利益征地呢?《土地管理法》第五十四条规定国家机关用地和军事用地、城市基础设施用地和公益事业用地、国家重点扶持的能源、交通、水利等基础设施用地以及法律、行政法规规定的其他用地可以以划拨方式取得。以划拨方式取得土地使用权的,与公共利益比较接近——虽然不是所有的划拨用地都是出于公共利益,但是只有之后以划拨方式供地的才能征地。另外,还要通过程序设计,防止公共利益的界线被随意突破。一方面,是否出于公共利益征地,需要由征地部

① 《中华人民共和国土地管理法(修订草案征求意见稿)》,http://www.strongwind.com.hk/word/TuiJian/tudiguanli.doc,2009 年 12 月 30 日下载。

门——政府主动提出论证,通过论证、公开确证是出于公共利益的,才可以征地。另一方面,要确保被征地的一方、媒体、公众有对征地方提出的公共利益说法提出质疑或反对的权利。征地方坚持是出于公共利益而征地,而被征地方提出质疑或反对,双方无法达成一致的,要有公开、合理的裁决方法和程序。未经裁决的,征地方不得实施征地行为。

所以,为遵守宪法中只有"国家为了公共利益的需要"才可以征地的规定,应明确只有之后以划拨方式供地的建设项目才能征地。程序上,公共利益必须经过论证,接受被征地方和公众的监督,被征地方有权质疑或反对征地方提出的公共利益说法,质疑或反对未经裁决的,征地方不得实施征地行为。

6.4 坚持不应为了公共利益就低价补偿的原则

公共利益是强制征地的理由,却不构成低价征地的理由。但是,在长期以来的征地实践中,占据主导的却是为了公共利益就要压低征地补偿标准的思维模式,没有树立正常补偿的意识。试想,出于公共利益的征地在违背产权人的意愿、强制拿走土地的同时,还要让农村集体经济组织或个人遭受经济损失,是合理的吗?

以水利、水电工程的征地补偿安置办法为例。1986年、1988年的《土地管理法》第三十二条规定，“大中型水利、水电工程建设征用土地的补偿费标准和移民安置办法，由国务院另行规定”。根据1986年6月24日全国人大法律委员会副主任委员宋汝棼所作的《关于〈中华人民共和国土地管理法（草案）〉（修改稿）修改意见的说明》，这是“根据水利电力部的意见”而修改的。“由国务院另行规定”指的是1991年2月15日国务院发布的《大中型水利水电工程建设征地补偿和移民安置条例》（以下简称条例）。1986年、1988年的《土地管理法》规定征用耕地的补偿费为该耕地被征用前三年平均年产值的三至六倍，而1991年的《条例》规定“征用耕地的补偿费，为该耕地被征用前三年平均年产值的三至四倍。……大型防洪、灌溉及排水工程建设征用的土地，其土地补偿费标准可以低于上述土地补偿费标准”。1986年、1988年的《土地管理法》规定，“依照本法第二十七条、第二十八条的规定支付土地补偿费和安置补助费，尚不能使需要安置的农民保持原有生活水平的，经省、自治区、直辖市人民政府批准，可以增加安置补助费。但是，土地补偿费和安置补助费的总和不得超过土地被征用前三年平均年产值的二十倍”，而1991年的《条例》规定“依照本条例第五条规定支付土地补偿费和安置补助费，安置移民仍有困难的，可以酌情提高安置补助费；但是，土地补偿费和安置补助费的总和不得超过土地被征用前三年平均年产值的下列倍数：（一）库区（含坝区）人均占有耕地一亩以上的，不得超过八倍；（二）库区（含坝区）人均占有耕地零点五亩至一亩的,不得超过十二倍;(三)库区(含坝区)人均占有耕地零点五亩以下的,不得超过二十倍”,“中型水利水电工程建设的土地补偿费和安置补助费标准,由省、自治区、直辖市人民政府参照《中华人民共和国土地管理法》和本条例第五条、第六条规定的标准另行规定。”后来《土地管理法》和《条例》都进行了修订。1998 年、2004 年《土地管理法》规定“土地补偿费和安置补助费的总和不得超过土地被征用前三年平均年产值的三十倍”。与之相比,2006 年 3 月 29 日国务院第 130 次常务会议新通过的《大中型水利水电工程建设征地补偿和移民安置条例》规定,“大中型水利水电工程建设征收耕地的,土地补偿费和安置补助费之和为该耕地被征收前三年平均年产值的十六倍”。在这些规定中,水利、水电工程征地补偿安置标准都低于《土地管理法》规定的标准,还要视工程是大型还是中型而定,要按库区(含坝区)人均占有耕地的面积而定。而在实际执行中,如本书导言引用的国土资源部、国家审计署的调查数据指出的,公共、基础设施项目的补偿、安置标准比规定的水平还要低得多。

出于公共利益的土地征收也要按照对被征收方造成的损失或者按被征收地块以非征收管道转让可能给被征收方带来的收益进行补偿。补偿数额的确定要由征地方、被征地方等共同协商,签订协议。协商不成的,要有公开、合理的裁决方法和程序。协商不成、未经裁决的,征地方不得实施征地行为。

6.5　允许集体土地按规划进入市场

我国实行土地公有制,国家所有和集体所有都是公有,国家所有和集体所有是平等的——不仅土地的国家所有和土地的集体所有是平等的,而且国有土地的使用权和集体土地的使用权也是平等的。1988年以来的宪法都规定"土地的使用权可以依照法律的规定转让",1988年的《土地管理法》依此规定"国有土地和集体所有的土地的使用权可以依法转让。土地使用权转让的具体办法,由国务院另行规定"。但是,1998年修订后的《土地管理法》改为"土地使用权可以依法转让",增加"任何单位和个人进行建设,需要使用土地的,必须依法申请使用国有土地;但是,兴办乡镇企业和村民建设住宅经依法批准使用本集体经济组织农民集体所有的土地的,或者乡(镇)村公共设施和公益事业建设经依法批准使用农民集体所有的土地的除外",使集体所有的土地使用权可以依法转让的空间被大幅度压缩,只剩下一个"除外"。

本书第4章的案例研究以及国务院发展研究中心等机构主持的一系列调查研究表明,农村可以通过集体土地的非农建设发展经济,农村集体有能力统筹规划、利用好自己的土地,农村集体可以、有能力主导自己的城市化。如果再能有政府的帮助和服务——因为政府既是城市的政府，也是农村的政府——而不是取代和排斥，农村土地在不改变其集体所有产权属性的情况下转用，将可达到更高的利用效率，更有助于提高农村集体经济实力和农民的生活水平。所以，要允许农村集体按规划使用自己所有的土地进行非农建设。

另一方面，还要允许集体土地按照规划进入市场、参与城市化进程。城市扩张中出于公共利益的建设项目可以征地，但也可以考虑尽量采取灵活的方式，让被征地集体以入股或其他方式参与到建设项目中，以得到长期稳定的收益。城市扩张中非出于公共利益的建设项目不可以征地，要由建设方按“同地、同权、同价”的原则与集体协商以取得土地使用权。而土地利用规划必须是公开制定、群众广泛参与的规划，不应带着厚城市而薄农村的色彩。如果农村集体经济组织没有意愿对属于自己的土地进行转用开发，应让村民保留享有青山绿水的权利。政府不要急着拿走农民的土地或要求农村集体开发土地，农村也不要为了避免自己的土地被政府夺走而急于自行开发。

参考文献

1. 鲍海君:《政策供给与制度安排:征地管制变迁的田野调查——以浙江为例》,经济管理出版社2008年版。
2. 北京大学中国经济研究中心宏观组:《产权约束、投资低效与通货紧缩》,《经济研究》2004年第9期。
3. 北京市委研究室课题组:《农民自主开发 实现城乡一体化发展——丰台区草桥村的发展之路》,《前线》2009年第9期。
4. 蔡昉、杨涛:《城乡收入差距的政治经济学》,《中国社会科学》2000年第4期。
5. 曹广忠、袁飞、陶然:《土地财政,产业结构演变与税收超常规增长——中国“税收增长之谜”的一个分析视角》,《中国工业经济》2007年第12期。
6. 曹正汉、史晋川:《中国地方政府应对市场化改革的策略:抓住经济发展的主动权——理论假说与案例研究》,《社会学研究》2009年第4期。
7. 柴涛修、刘向南、范黎:《新中国征地制度变迁评述与展望》,《中国土地科学》2008年第2期。
8. 陈蔚镇:《上海城市空间演化中土地资本的积累与竞争》,《城市规划学刊》2006年第3期。
9. 城市化与土地制度改革课题组:《城市化、土地制度与经济可持续发展》,CRF研究报告,2004。
10. 程洁:《土地征收征用中的程序失范与重构》,《法学研究》2006年第1期。
11. 程锦锥:《我国非垄断行业的政府管制研究》,中国社会科学院研究生院博士学位论文,2009。

12. 丛艳国、魏立华:《珠江三角洲农村工业化的土地问题——以佛山市南海区为例》,《城市问题》2007年第11期。
13. 崔功豪、马润潮:《中国自下而上城市化的发展及其机制》,《地理学报》1999年第2期。
14. 党国印:《论农村集体产权》,《中国农村观察》1998年第4期。
15. 杜润生:《杜润生自述:中国农村体制改革重大决策纪实》,人民出版社2005年版。
16. 杜志雄、苑鹏、包宗顺:《乡镇企业产权改革、所有制结构及职工参与问题研究》,《管理世界》2004年第1期。
17. 范剑勇、袁志刚:《乡镇企业就业增长趋缓是缘于其资本密集化倾向吗——乡镇企业就业的结构分析》,《中国农村经济》2002年第8期。
18. 费孝通:《区域经济发展的新思考(1999)》,载《费孝通文集·第14卷:1996—1999》,群言出版社1999年版,第426—441页。
19. 冯昌中:《我国征地制度变迁》,《中国土地》2001年第9期。
20. 冯兴元:《市场化——地方模式的演进道路》,《中国农村观察》2001年第1期。
21. 冯兴元:《辖区竞争、地方公共产品融资与国家的作用——古交市案例分析》,中国社会科学院财贸所与德国维藤大学经济文化比较研究所合作研究课题报告,2002。
22. 傅高义:《先行一步:改革中的广东》,广东人民出版社2008年版。
23. 甘藏春:《〈土地管理法〉实施后的形势与任务》,《中外房地产导报》2000年第3期。
24. 高汉:《集体产权下的中国农地征收问题研究》,上海人民出版社2009年版。
25. 高娜、万兴亚:《我国农地征用制度:沿革、现状及健全对策》,《古今农业》2005年第3期。
26. 高培础、章中一、堵永林:《农村经济结构的改革与农业机械化》,《农业机械化》1985年第1期。

27. 顾杰、金玉林、卢水生:《苏州城乡统筹的实践与思考》,载阎立主编:《中国苏州发展报告2005》,古吴轩出版社2006年版,第332—342页。

28. 郭洁:《土地资源保护与民事立法研究》,法律出版社2002年版。

29. 郭庆旺、贾俊雪:《地方政府行为、投资冲动与宏观经济稳定》,《管理世界》2006年第5期。

30. 郭书田等:《当代中国乡镇企业:冲动、困顿与发展》,载中国乡镇企业年鉴编辑委员会编:《中国乡镇企业年鉴1978—1987》,农业出版社1989年版,第5—9页。

31. 国土资源部土地利用司调研组:《创新制度 规范流转——集体建设用地流转调研报告》,《国土资源通讯》2002年第3期。

32. 国土资源部信息中心:《国外土地征用制度比较研究》,国土资源部软科学项目报告,2001。

33. 国务院发展研究中心土地课题组:《土地制度、城市化与财政金融风险》,《改革》2005年第10期。

34. 韩俊、张云华、张要杰:《农民不需要"以土地换市民身份"——北京市朝阳区农村集体经济产权制度改革调查》,《中国发展观察》2008年第6期。

35. 何丹:《城市政体模型及其对中国城市发展研究的启示》,《城市规划》2003年第11期。

36. 胡必亮:《关系共同体》,载张曙光、邓正来主编:《中国社会科学评论》(第4卷),法律出版社2005年版,第1—18页。

37. 黄少安:《制度变迁主体角色转换假说及其对中国制度变革的解释》,《经济研究》1999年第1期。

38. 黄贤金:《论地权歧视》,《农业经济问题》1996年第7期。

39. 黄贤金、陈龙乾等:《土地政策学》,中国矿业大学出版社1995年版。

40. 黄小虎:《征地制度改革的经济学思考》,《中国土地》2002年第8期。

41. 黄益平:《中国乡镇企业的奇迹(1998)》,载海闻、卢锋主编:《中国:经济转型与经济政策:北京大学中国经济研究中心简报汇编(1995—1999)》,北京大学出版社2000年版,第367—370页。
42. 黄中廷、王茂春、刘宝杰:《建立健全激励与约束机制,努力办好社区股份合作制企业——关于草桥村推进集体经济产权制度改革情况的调查报告》,载黄中廷主编:《农村集体经济产权制度改革研究》,新华出版社2007年版,第333—339页。
43. 蒋省三、韩俊:《土地资本化与农村工业化:南海发展模式与制度创新》,山西经济出版社2005年版。
44. 蒋省三、刘守英:《打开土地制度改革的新窗口——从广东〈集体建设用地使用权流转管理办法〉说起》,《学习月刊》2006年第1期。
45. 蒋省三、刘守英a:《土地财政的缘由与风险》,《新青年·权衡》2006年第1期。
46. 蒋省三、刘守英b:《土地解密》,《财经》2006年第4期。
47. 蒋省三、刘守英、李青:《土地制度改革与国民经济成长》,《管理世界》2007年第9期。
48. 金心异、希密:《东莞与苏州的趋同化》,《招商周刊》2004年第10期。
49. 经济增长前沿课题组:《经济增长、结构调整的累积效应与资本形成——当前经济增长态势分析》,《经济研究》2003年第8期。
50. 康晓光:《论合作主义国家》,《战略与管理》2003年第5期。
51. 孔祥智:《崛起与超越:中国农村改革的过程及机理分析》,中国人民大学出版社2008年版。
52. 寇金明、李颖、杨洋、成希:《区划调整方案将听民意》,《南方都市报》,2008年3月20日,DA34、36版。
53. 李成贵:《中国的二元结构与“三农”困境》,《古今农业》2003年第4期。
54. 李桂林、陈杰、孙志英:《苏州市非农用地扩展的驱动因素时空变化研究》,《生态与农村环境学报》2006年第4期。
55. 李建建:《中国城市土地市场结构研究》,经济科学出版社2004年版。

56. 李蕊:《中国土地征收制度研究》,中国人民大学博士学位论文,2005。
57. 李元主编:《新土地管理法学习读本》,中国大地出版社 1998 年版。
58. 林春:《劳动重组:参与、尊严及小康社会主义》,《读书》2004 年第 12 期。
59. 林建伟:《房地产法基本问题》,法律出版社 2006 年版。
60. 林万龙:《中国农村公共服务供求的结构性失衡:表现及成因》,《管理世界》2007 年第 9 期。
61. 林毅夫、蔡昉、李周:《中国的奇迹:发展战略与经济改革》(增订版),上海三联书店、上海人民出版社 1999 年版。
62. 林铮:《社会主义经济内部的矛盾与商品生产的关系》,《经济研究》1957 年第 3 期。
63. 刘海云:《边缘化与分异:失地农民问题研究》,中国农业出版社 2007 年版。
64. 刘世锦等:《传统与现代之间——增长模式转型与新型工业化道路的选择》,中国人民大学出版社 2006 年版。
65. 刘守英:《集体土地资本化与农村城市化——北京市郑各庄村调查》,《北京大学学报》(哲学社会科学版)2008 年第 6 期。
66. 刘守英:《政府垄断土地一级市场真的一本万利吗》,《中国改革》2005 年第 7 期。
67. 刘守英、蒋省三:《土地融资与财政和金融风险——来自东部一个发达地区的个案》,《中国土地科学》2005 年第 5 期。
68. 刘雅灵:《强制完成的经济私有化:苏南吴江经济兴衰的历史过程》,《台湾社会学刊》2001 年第 26 期。
69. 刘宗劲:《征地制度研究对中国城市化进程的追问》,中国财政经济出版社 2008 年版。
70. 陆铭、陈钊:《城市化、城市倾向的经济政策与城乡收入差距》,《经济研究》2004 年第 6 期。
71. 吕拉昌、魏也华、林初升:《中国城市地理研究的若干问题:海外学者的观点》,《人文地理》2006 年第 2 期。

72. 罗小龙、沈建法:《中国城市化进程中的增长联盟和反增长联盟》,《城市规划》2006 年第 3 期。

73. 罗小朋:《企业的等级结构和所有制》,载林青松、威廉·伯德主编:《中国农村工业:结构、发展与改革》,经济科学出版社 1989 年版,第 143—171 页。

74. 马骏:《全国社会保障基金会的运行规则:国际经验及对中国的启示》,《经济研究》2001 年第 9 期。

75. 欧阳南江:《快速乡村城市转型地区的空间转换研究:以东莞为例》,中山大学博士学位论文,2003。

76. 裴小林:《集体土地所有制对中国经济转轨和农村工业化的贡献:一个资源配置模型的解说》,《中国乡村研究》2003 年第 1 期。

77. 裴小林:《集体土地制:中国乡村工业发展和渐进转轨的根源》,《经济研究》1999 年第 6 期。

78. 丘海雄、徐建牛 a:《市场转型过程中地方政府角色研究述评》,《社会学研究》2004 年第 4 期。

79. 丘海雄、徐建牛 b:《产业集群技术创新中的地方政府行为》,《管理世界》2004 年第 10 期。

80. 全国农村固定观察点办公室:《当前农村土地承包经营管理的现状及问题》,《中国农村观察》1998 年第 5 期。

81. 陕西省城市经济文化研究会:《集体土地上长出的“城市”:西安市未央区三桥街道和平村自主城市化调研》,载《陕西省社会发展与民生工程建设——陕西省社会科学界第二届 2008 学术年会专题学术活动优秀论文集》,2008 年,第 181—186 页。

82. 沈立人、戴园晨:《我国“诸侯经济”的形成及其弊端和根源》,《经济研究》1990 年第 3 期。

83. 施惠忠:《苏州地区乡村土地批租开发的现状、问题及对策》,《苏州城建环保学院学报》1997 年第 3 期。

84. 宋婧、杨善华:《经济体制变革与村庄公共权威的蜕变——以苏南某村为案例》,《中国社会科学》2005 年第 6 期。

85. 苏红、陈金永:《土地征用与地方政府的行为》,Hong Kong Baptist University, The Centre for China Urban and Regional Studies, Occasional Paper No. 58, 2005, http://faculty. washington. edu/kwchan/Land-expro-local-govt. pdf

86. 孙海鸣:《乡村生产要素的产业选择与我国乡镇工业的形成》,《经济研究》1986 年第 9 期。

87. 孙肖远:《苏州外资经济的未来走向——兼与东莞模式的比较》,《决策咨询》2004 年第 10 期。

88. 孙佑海等:《中华人民共和国土地管理法讲话》,中国政法大学出版社 1998 年版。

89. 陶友之:《苏南模式与致富之道》,上海社会科学院出版社 1988 年版。

90. 陶然、陆曦、苏福兵、汪晖:《地区竞争格局演变下的中国转轨:财政激励和发展模式反思》,《经济研究》2009 年第 7 期。

91. 陶然、袁飞、曹广忠:《区域竞争、土地出让与地方财政效应:基于 1999—2003 年中国地级城市面板数据的分析》,《世界经济》2007 年第 10 期。

92. 汪晖、黄祖辉:《公共利益、征地范围与公平补偿——从两个土地投机案例谈起》,《经济学(季刊)》2004 年第 4 卷第 1 期。

93. 汪振江:《农村土地产权与征收补偿问题研究》,中国人民大学出版社 2008 年版。

94. 王丹、刘洪生、徐静:《加入招商引资行为的税收竞争模型》,《世界经济》2005 年第 1 期。

95. 王国斌:《转变中的中国——历史变迁与欧洲经验的局限》,李伯重、连玲玲译,江苏人民出版社 1998 年版。

96. 王怀勇:《论土地征用的公共利益界定及相关制度重构》,《西南政法大学学报》2004 年第 2 期。

97. 王缉慈、罗家、童昕:《东莞和苏州台商 PC 产业群的比较分析》,《中国地质大学学报(社会科学版)》2003 年第 2 期。

98. 王坤:《后记》,载王坤、李志强:《新中国土地征收制度研究》,社会科学文献出版社 2009 年版,第 268—269 页。

99. 王荣、韩俊、徐建明:《苏州农村改革 30 年》,上海远东出版社 2007 年版。

100. 王小映:《全面保护农民的土地财产权益》,《中国农村经济》2003 年第 10 期。

101. 王晓毅、张军、姚梅:《中国村庄的经济增长与社会转型:广东省东莞市雁田村调查》,山西经济出版社 1996 年版。

102. 王永钦、张晏、章元、陈钊、陆铭:《中国的大国发展道路》,《经济研究》2007 年第 1 期。

103. 温铁军:《农村土地"直接进入一级市场"的意义和问题》(2003 年 4 月 16 日),载温铁军:《三农问题与世纪反思》,生活 · 读书 · 新知三联书店 2005 年版,第 403—408 页。

104. 温铁军:《"孙耿创造":制度效益——山东济阳孙耿镇"集地滚地"的调查》,《经济日报》,1996 年 9 月 17 日,第 5 版。

105. 温铁军:《乡镇企业资产的来源及其改制中的相关原则》,《浙江社会科学》1998 年第 5 期。

106. 温铁军、朱守银:《地方政府资本的原始积累与土地的农转非》,《管理世界》1996 年第 5 期。

107. 吴群、李永乐:《分权、竞争体制驱动与地方土地财政》,载《2009 中国房地产学术年会论文汇编》,2009 年版,第 263—277 页。

108. 吴行政:《中国农村土地征收补偿法律问题研究》,载张千帆主编:《新农村建设的制度保障》,法律出版社 2007 年版,第 64—90 页。

109. 相天东:《中国经济内外部失衡的联系机制与治理对策》,《改革与战略》2008 年第 2 期。

110. 徐斯俭:《中国大陆沿海经济发展中之国家角色——"市场化国家资本主义"》,第二届中国地方治理学术研讨会,广州中山大学,2004 年。

111. 徐斯俭、吕尔浩:《市场化国家资本主义 1990—2005:中国两个地级城市个案研究》,《中国大陆研究》2009 年第 52 卷第 2 期。
112. 徐志明、张建良:《乡镇企业资金的高速增长及效益下滑——江苏省苏州市乡镇企业的实证分析》,《中国农村经济》1997 年第 3 期。
113. 许宝健:《城市化进程中的农地转用问题研究》,中国农业出版社 2006 年版。
114. 严金明:《我国征地制度的演变与改革目标和改革路径的选择》,《经济理论与经济管理》2009 年第 1 期。
115. 杨建伟、陆相慈、张树成:《异军突起的法宝——苏州乡镇企业横向联合的新趋势》,《集团经济研究》1992 年第 10 期。
116. 杨遴杰、陈祁晖、李刚、高永、陶晓龙:《我国土地储备机构发展状况分析》,《经济地理》2005 年第 4 期。
117. 杨瑞龙:《"中间扩散"的制度变迁方式与地方政府的创新行为——江苏昆山自费经济技术开发区案例分析》,载张曙光主编:《中国制度变迁的案例研究》第 2 集,中国财政经济出版社 1999 年版,第 353—379 页。
118. 杨善华、苏红:《从"代理型政权经营者"到"谋利型政权经营者"——向市场经济转型背景下的乡镇政权》,《社会学研究》2002 年第 2 期。
119. 杨友仁、王鸿楷:《中国大陆地方土地产权体制的形构与演化》,《台湾社会研究季刊》2006 年第 63 期。
120. 姚锦柏:《中国改革与发展丛书》东莞卷,社会科学文献出版社 1997 年版。
121. 姚洋:《中国农村土地制度的法律思考》,载《在人大法学院听讲座》编写组编:《在人大法学院听讲座》(第一辑),中国法制出版社 2007 年版,第 337—354 页。
122. 姚洋、杨雷:《制度供给失衡和中国财政分权的后果》,《战略与管理》2003 年第 3 期。
123. 于建嵘:《土地应真正成为农民的财产》,《华中师范大学学报》(人文社会科学版)2008 年第 2 期。
124. 余斌、陈昌盛、刘守英:《城市化进程中城乡结合部面临的挑战与政策选择:北京朝阳区高碑店乡调查》,《国务院发展研究中心调查研究报告》2009 年第22号。

125. 张慧芳:《土地征用问题研究:基于效率与公平框架下的解释与制度设计》,经济科学出版社2005年版。

126. 张建英:《中国地方政府经济职能的转型研究》,苏州大学博士学位论文,2009。

127. 张莉、王贤彬、徐现祥:《地方政府竞争下的土地出让行为》,载《2009中国房地产学术年会论文汇编》,2009年版,第242—261页。

128. 张琦:《论中国土地管理体制改革》,《经济工作者学习资料》1994年第35期。

129. 张清勇:《投资竞争、工业用地价格补贴与国际贸易协议》,《中国房地产研究》2007年第3卷。

130. 张清勇:《中国地方政府竞争与工业用地价格补贴》,中国人民大学硕士学位论文,2005。

131. 张清勇:《纵向财政竞争、讨价还价与中央—地方的土地收入分成》,《制度经济学研究》2009年第2期。

132. 张术环、王环、牛喜霞:《农地产权制度创新与农村和谐社会的构建》,群众出版社2006年版。

133. 张庭伟:《城市化作为生产手段及引起城市规划功能转变》,《城市规划》2002年第4期。

134. 张五常:《中国的经济制度》,中信出版社2009年版。

135. 章奇、刘明兴、Vincent Yiupor Chen:《中国的金融中介增长与城乡收入差距》,载蔡昉、万广华主编:《中国转轨时期收入差距与贫困》,社会科学文献出版社2006年版,第182—201页。

136. 赵燕菁、庄淑亭:《基于税收制度的政府行为解释》,《城市规划》2008年第4期。

137. 赵阳:《农地市场的发育:非农经济、粮食市场与产权边界》,《改革》2006年第12期。

138. 赵耀辉:《中国乡镇企业所有权分析及其对农村就业的影响》(1994),载海闻主编:《中国乡镇企业研究》,中华工商联合出版社 1997 年版,第 205—219 页。
139. 折晓叶、陈婴婴:《产权怎样界定—— 一份集体产权私化的社会文本》,《社会学研究》2005 年第 4 期。
140. 郑红亮、詹虹:《我国乡镇企业多元所有制格局形成的制度原因》,《天津社会科学》1996 年第 4 期。
141. 郑江淮、赵华、王成思、陈长江:《增强农民主体地位,消除发展差异——来自苏州社会主义新农村建设的观察》,《西北大学学报(哲学社会科学版)》2007 年第 37 卷第 3 期。
142. 郑振源:《征地制度需要改革》,《中国土地》2000 年第 10 期。
143. 中共苏州市委员会:《弘扬"昆山之路"建设"小康苏州"》,《求是》2006 年第 11 期。
144. 钟笑寒:《私有企业、投资控制与过度投资》,清华大学中国经济研究中心学术论文,NO. 200501,2005。
145. 周飞舟:《分税制十年:制度及其影响》,《中国社会科学》2006 年第 6 期。
146. 周飞舟:《生财有道:土地开发和转让中的政府和农民》,《社会学研究》2007 年第 1 期。
147. 周建春:《小城镇土地制度与政策研究》,中国社会科学出版社 2007 年版。
148. 周黎安:《晋升博弈中政府官员的激励与合作》,《经济研究》2004 年第 6 期。
149. 周其仁:《城市化是副产品(2001)》,载周其仁:《收入是一连串事件》,北京大学出版社 2006 年版,第 81—84 页。
150. 周其仁:《农地产权与征地制度——中国城市化面临的重大选择》,《经济学(季刊)》2004 年第 4 卷第 1 期。
151. 周其仁:《中国农村改革:国家和所有权关系的变化》,《中国社会科学季刊》1994 年夏季卷。
152. 周青、黄贤金:《我国征地制度运行的历史轨迹,现实问题及改革措施》,《中共南京市委党校南京市行政学院学报》2004 年第 2 期。
153. 周雪光:《"逆向软预算约束":一个政府行为的组织分析》,《中国社会科学》2005 年第 2 期。
154. 周业安:《地方政府竞争模式研究》,《管理世界》2002 年第 12 期。
155. 朱介鸣:《地方发展的合作——渐进式中国城市土地体制改革的背景和影响》,《城市规划汇刊》2000 年第 2 期。
156. 朱连奇、韦东、屠高平:《我国土地征收补偿制度的演变及其改革研究》,《地域研究与开发》2007 年第 5 期。
157. 朱玲:《转移支付的效率与公平》,《管理世界》1997 年第 3 期。
158. 邹宜民、戴澜、孙建设:《苏南乡镇企业改制的思考》,《经济研究》1999 年第 3 期。
159. 梶谷懐:「中国の土地市場をめぐる諸問題と地方政府―「地方主導型経済発展」の変容―」,『現代中国研究』,2008 年第 23 号:64—85。
160. Airriess, Christopher, "The Geographies of Secondary City Growth in a Globalized China: Comparing Dongguan and Suzhou", *Journal of Urban History*, 2008, 35(1), pp. 134—149.
161. Cao, Guangzhong, Feng Changchun, and Tao Ran, "Local 'Land Finance' in China's Urban Expansion: Challenges and Solutions", *China & World Economy*, 2008, 16(2), pp. 19—30.
162. Fan, Shenggen, Li, Lixing, and Zhang Xiaobo, "Rethinking China's Underurbanization: An Evaluation of Its County-to-City Upgrading Policy," IFPRI Discussion Paper, No. 875, July 2009.
163. Ho, Peter, *Institutions in Transition: Land Ownership, Property Rights, and Social Conflict in China*, Oxford University Press, 2005.
164. Hsing, You-tien, "Land and Territorial Politics in Urban China", *The China Quarterly*, 2006, 187, pp. 575—591.
165. Huang, Yasheng, *Capitalism with Chinese Characteristics: Entrepreneurship and*

the State, New York: Cambridge University Press, 2008.

166. Kung, James Kai-sing, Xu Chenggang, and Zhou Feizhou, "From Industrialization to Urbanization: The Social Consequences of Changing Fiscal Incentives on Local Governments' Behavior", in Joseph E. Stiglitz (ed.), *Institutional Design for China's Evolving Market Economy*, Oxford University Press, forthcoming.

167. Leaf, M., and Hou, L., "The Third Spring of Urban Planning in China: The Resurrection of Professional Planning in the Post-Mao Era", *China Information*, 2006, 20(3), pp. 553—585.

168. Lichtenberg, Eric, and Ding, Chengri, "Local Officials as Land Developers: Urban Spatial Expansion in China", *Journal of Urban Economics*, 2009, 66, pp. 57—64.

169. Li, Hongbin, and Li-An Zhou, "Political Turnover and Economic Performance: The Incentive Role of Personnel Control in China", *Journal of Public Economics*, 2005, 89(9-10), pp. 1743—1762.

170. Lin, Chun, "Challenging Privatization: A Conceptual and Theoretical Argument", *Journal of Chinese Political Science*, 2009, 14(1), pp. 21—48.

171. Lin, George C. S. C., "Peri-urbanism in Globalizing China: A Study of New Urbanism in Dongguan", *Eurasian Geography and Economics*, 2006, 47(1), pp. 28—53.

172. Liu, Mingxing, Tao Ran, Yuan Fei, and Cao Guangzhong, "Instrumental Land Use Investment-Driven Growth in China", *Journal of Asia Pacific Economy*, 2008, 13(3), pp. 313—331.

173. Logan, J. R., Whaley, R. B., and Crowder, K., "The Character and Consequences of Growth Regimes: An Assessment of 20 Years of Research", *Urban Affairs Review*, 1997, 32(5), pp. 603—630.

174. Luo, Xiaolong, and Shen, Jianfa, "Cross-Border Urban Growth: The Case of

Jiangyin Economic Development Zone in Jingjiang", 15th Biennial Conference of the Asian Studies Association of Australia, 2004.

175. Ma, Laurence J. C., "The State of the Field of Urban China: A Critical Multidisciplinary Review of the Literature", *China Information*, 2006, 20(3), pp. 363—389.

176. Ma, Laurence J. C., and Ming Fan, "Urbanisation from Below: The Growth of Towns in Jiangsu, China", *Urban Studies*, 1994, 31(10), pp. 1625—1645.

177. Naughton, Barry, "Chinese Institutional Innovation and Privatization from Below", *American Economic Review*, 1994, 84(2), papers and proceedings of the Hundred and Sixth Annual Meeting of the American Economic Association, pp. 266—270.

178. Oman, P. Charles, "Policy Competition for Foreign Direct Investment: A Study of Competition among Governments to Attract FDI", Development Center of OECD, 2000.

179. Pei, Xiaolin, "The Contribution of Collective Landownership to China's Economic Transition and Rural Industrialization: A Resource Allocation Model", *Modern China*, 2002, 28(3), pp. 279—314.

180. Peng, Yusheng. "Chinese Villages and Townships as Industrial Corporations: Ownership, Governance, and Market Discipline", *American Journal of Sociology*, 2001, 106(5), pp. 1338—1370.

181. Po, Lanchih, "Politics of Spatial Planning and Regional Integration: Reflections on the Pro-Urbanization Strategy of the Pearl River Delta in the New Millennium", 3rd CPN Conference Proceeding, 2006, pp. 299—319.

182. Shen, Xiaoping, and Laurence J. C. Ma, "Privatization of Rural Industry and de facto Urbanization from Below in Southern Jiangsu, China", *Geoforum*, 2005, 36(6), pp. 761—777.

183. Wu, Weiping, "Reforming China's Institutional Environment for Urban

Infrastructure Provision", *Urban Studies*, 1999, 36(13), pp. 2263—2282.

184. Wu, Weiping, "Urban Infrastructure and Financing in China", Symposium on Important Issues in the Era of Rapid Urbanization in China, Lincoln Institute of Land Policy, Cambridge, MA, May 22, 2006.

185. Yang, Dennis Tao, "Urban-Biased Policies and Rising Income Inequality in China", *American Economic Review*, 1999, 89(2), papers and proceedings of the 111th Annual Meeting of the American Economic Association, pp. 306—310.

186. Yang, Daniel You-Ren, and Hung-Kai Wang, "The Regional Variations of Farmland Property Rights Transformation in China: An Institutional Comparison between Suzhou and Dongguan", *Issues & Studies*, 2007, 43(4), pp. 117—148.

187. Yang, Daniel You-Ren, and Hung-Kai Wang, "Land Property Rights Regimes in China: A Comparative Study of Suzhou and Dongguan", in Wu Fulong (ed.), *China's Emerging Cities*, London: Routledge, 2007, pp. 26—43.

188. Zhang, Li, "Contesting Spatial Modernity in Late-Socialist China", *Current Anthropology*, 2006, 47(3), pp. 461—484.

189. Zhang, Tingwei, "Urban Development and a Socialist Pro-growth Coalition in Shanghai", *Urban Affairs Review*, 2002, 37, pp. 475—499.

190. Zhang, Tingwei, "Challenges Facing Chinese Planners in Transitional China", *Journal of Planning Education and Research*, 2002, 22, pp. 64—76.

191. Zhou, Feizhou, "Creating Wealth: Land Seizure, Local Government, and Farmers", in Davis, D. and Wang, F. (ed.), *Creating Wealth and Poverty in Postsocialist China*, Stanford University Press, 2009, pp. 112—125.

192. Zhu, Jieming, "Local Growth Coalition: The Context and Implications of China's Gradualist Urban Land Reforms", *International Journal of Urban and Regional Research*, 1999, 23(3), pp. 534—548.